ALBII TIBULLI

ALIORUMQUE

CARMINA

EDIDIT

GEORG LUCK

EDITIO ALTERA

STVTGARDIAE ET LIPSIAE
IN AEDIBVS B.G. TEVBNERI MCMXCVIII

CIP-Titelaufnahme der Deutschen Bibliothek

Albii Tibulli aliorumque carmina / ed. Georg Luck. – Ed. altera. –
Stuttgardiae ; Lipsiae : Teubner, 1998
(Bibliotheca scriptorum Graecorum et Romanorum Teubneriana)
ISBN 3-519-11864-5

Das Werk einschließlich aller seiner Teile ist urheberrechtlich geschützt. Jede Verwertung außerhalb der engen Grenzen des Urheberrechtsgesetzes ist ohne Zustimmung des Verlages unzulässig und strafbar. Das gilt besonders für Vervielfältigungen, Übersetzungen, Mikroverfilmungen und die Einspeicherung und Verarbeitung in elektronischen Systemen.

© B. G. Teubner Stuttgart 1988, 1998
Printed in Germany
Satz, Druck und Bindung:
Passavia Druckservice GmbH Passau

MATRIS CARISSIMAE
HANNA LUCK – VON OW
DE VICO BUESINGEN PROPE PROBATOPOLIN
AD RHENUM
1895–1969

ET AVIAE DULCISSIMAE
NINA LUCK–PFOSI
DE VICO MALIX PROPE CURIAM RAETORUM
1868–1957

PIAE MEMORIAE

PRAEFATIO

Priusquam Tibullum a me editum in manus tibi sumpseris, lector benevole, pauca sunt de quibus certiorem te fieri velim. Ac primum quidem breviter enarrabo, quod ante me alii fecerunt, cur labor perdifficilis imponatur omni editori Tibulli qui, ut par est, archetypi textum redintegrare nitatur. Quamvis enim testimonia nonnulla satis vetusta singulorum locorum maneant, codices integri Corporis Tibulliani, quod vocant, ante s. XIV scripti omnino non extant.[1] Porro codices qui extant et editiones veteres quae vice codicum iam deperditorum fungi possunt, tantam varietatem lectionum exhibent et cum testibus vetustioribus tam miris modis discrepant ut equidem vix ausim putare eos ab illo unico exemplari derivari quod, ut viri docti statuunt, M. Haupt[2] secuti, s. XIII vel XIV Italis innotuit, postea periit. Idem viri docti[3] non negant, Florilegium Gallicum, Excerpta Frisingensia, Fragmentum Cuiacianum omnibus de quibus infra disputabitur originem ab alio exemplari vel aliis exemplaribus traxisse.

---

1 Cod. Ambrosianus R. 26 sup., s. XIV scriptus, multas sane corruptelas, sed certe non interpolationes audaciores Italorum exhibet. Paucissimi codices prima parte s. XV scripti adhuc exstant, inter quos notandi Oxon. Bibl. Bodl. Lat. Class. d. 5 (30059), a. 1420 vel 1421, ut vid.; Paris. lat. 7989, a. 1423; Vat. Ottobon. lat. 1202, a. 1426; Vat. lat. 2794, a. 1434. Eboracensis deperditus, a. 1425 scriptus, ut videtur, hic illic lectionem genuinam servat. Cf. Albinia D. de la Mare, 'The Return of Petronius to Italy', *Medieval Learning and Literature* (Oxon. 1976), 239–54.

2 Cf. M. Haupt, *Opuscula* I (1875), 276.

3 *Texts and Transmission*, 420ss (Reeve et Rouse). Adde E. Hiller, praef. ed. (a. 1885), V; Baehrens, praef. ed. (a. 1878), XIX.

Fortasse igitur fatendum est, medio aevo exeunte duo vel tria exemplaria integra poetae nostri extitisse. Tamen non negabo unum codicem integrum extitisse qui varias lectiones vel inter lineas vel in margine exhibuerit, et in quo versus per errorem omissi vel transpositi fuerint. Talis codex, Italis fortasse difficilis lectu propter scripturam minus usitatam, fons et origo multarum, si non omnium, variarum lectionum existimari potest. Nam certe accidere potuit, ut interpolationes quales in libris legimus in textum irrepserint scribis apographa pro captu suo emendantibus. Praeterea versus Tibullianos, quippe qui sint satis tersi atque elegantes, minus tamen blandi fortasse quam Ovidiani, viri docti ad Nasonis normam mutare soliti sunt. Qua de re operae pretium esse mihi videtur, testimonium Lilii Gyraldi[4] afferre qui scripsit in *Dialogis*, se exemplar pervetustum Tibulli inspexisse ubi multa aliter legerentur atque in codicibus vel editionibus vulgatis: in hoc exemplari Lilius versus tum transpositos tum insertos invenit, ita ut ei nonnulla plane non genuina esse viderentur.

Extant hodie ducenti fere codices integri Tibullum persaepe cum Catullo Propertiove aut cum ambobus coniunctum exhibentes quorum plerique ab editoribus vel 'deteriores' vel 'Itali' nuncupari solent quia plena Italorum mutationibus partim veris vel saltem probabilibus, partim temerariis vel etiam perversis sunt.

Breviter nunc de quattuor codicibus absolvam quibus editio mea tamquam fundamento nititur.

Ambrosianum R. sup. 26, s. XIV qui solum habet Tibullum ante Baehrens nemo, ut videtur, diligenter adhibuit.[5] In fine, post Tibulli vitam, legitur 'Liber Colucii pyeri Cancellarii florentini', tum alio atramento a manu recentiore scriptum est 'Liber Cosme Iohannis de Medicis. Nunc vero Laurentii ac

---

4 Ed. Basil. a. 1545, p. 496.
5 Ph. Illmann, *De Tibulli codicis Ambrosiani auctoritate* (Diss. Halle, a. 1886).

Ioanis Petri Francisci de Medicis.' Primus igitur codicis possessor erat ille Colucius qui circa a. 1375 anquirendis Catulli et Propertii codicibus operam dedit. Aliquamdiu codex Ambrosianus inter manus Angeli Politiani erat, postea transiit ad Laurentium de Medicis quem Magnificum vocant. Qui codex admodum leniter interpolatus saepe cum aliis libris consentit, raro per se, ut mihi quidem videtur, verum servans, sed potius cum aliis errans.[6]

Codex Guelferbytanus Aug. 82, 6 vel Guelferbytanus secundus apud Heyne, non ante a. 1425 a Ioanne Ioviano Pontano, ut videtur,[6a] scriptus est, ita ut nonnulla emendata ope codicum, nonnulla tamen ex Ovidio interpolata sint. Inter alia notandum est, librarium scripturam eo tempore obsoletam, quam nonnulli Langobardicam vocant, tam fideliter imitatum esse, ut te codicem s. X vel XI ante oculos habere putes. Non est igitur, cur miremur Baehrens codicem tam emendatae notae optimum atque praestantissimum eorum omnium certe quos deteriores vocant visum esse; quin et Postgate lectiones eius sine discrimine, librarii an correctoris fuerint, turbae vulgari eximere voluit, quamquam de verae antiquitatis vestigiis valde dubitabat. Apparet hunc codicem iam Puccio notum fuisse,[7] atque eum a correctore Vaticani lat. 3270 (V^2) adhibitum esse Baehrens[8] mihi quidem persuasit, nam in bonis lectionibus non raro congruunt. E contrario corrector Guelferbytani (G^2) saepius ex codice Ambrosiano vel Vaticano simili lectiones hausisse videtur. Quae ratio intercedat inter Guelferbytanum et Florilegium Gallicum quod non modo in vv. 3, 7, 39–41 (4, 1, 39–47) ordinandis, sed etiam aliis locis con-

---

6 Cf. B. L. Ullmann, *The Humanism of Colucio Salutati* (Patav., a. 1963), 208; *Texts and Transmission*, 423 (Reeve et Rouse).

6a Cf. B. L. Ullman, *IMU* 2 (1959), 309–35; Butrica, *Manuscr. Trad. of Prop.*, 209.

7 Lachmann, ed., praef. VIIs.

8 Baehrens, ed., praef., XVII.

spicue, ut mihi quidem videtur, congruit, non exploratum habeo.[9]

Codex Vaticanus lat. 3270, c.a. 1420 scriptus, Corpus Tibullianum et Ovidii Remedia Amoris continet. Ante Baehrens[10] iam Broukhusius eum ex parte adhibuisse videtur,[11] siquidem codex Fulvii Ursini quem ille saepius laudat e Bibliotheca Vaticana est; certe hic codex, ut e pagella praefixa elucet, olim erat Fulvii Ursini.[12] Correctores expertus est varios quorum manus non semper accurate dinosci possunt. Sine dubio Vaticanus cum Ambrosiano quodam modo cohaeret, unde eum ex codice simillimo descriptum esse nonnulli viri docti censuerunt.

Codex Bruxellensis Bibl. Reg. 14638, circiter a. 1450–60, ut Albinia C. de la Mare[13] statuit, pulcherrime scriptus, cum paucissimis correcturis in textu et una vel altera nota in margine. Continet Propertium et Tibullum, et post Vitam Tibulli legitur 'Iohannes scripsit. Amen'. Hic Iohannes, ut Butrica[14] coniecit, erat ille Gian Matteo Bottigella qui primus, ut videtur, hoc volumen possedit. Editoribus Tibulli adhuc ignotum librum contuli et in apparatu siglo X notavi. Optimae notae esse Bruxellensem vix ausim dicere, nam persaepe cum A G V errat, sed uno loco, 1, 2, 81 (79) 'violavit' (sc. lingua) forsitan solus verum servaverit.

Per consensum quattuor codicum A G V X quem siglo Z notavi, vulgata quaedam, ut opinor, neque optima neque pessima qualis in codicibus integris obvia est commode demonstrari potest. Hanc vulgatam, ubi perdubia vel plane corrupta

---

9 G. Leonhard, *De codicibus Tibulli capita tria*. Diss. Friburg. Brisgov., a. 1882, 43 ss.

10 Ed., praef., VII.

11 Ed. Heyne–Wunderlich,[4] XXIII.

12 Extat etiam alter codex Ursini a Lipsio collatus, nunc Vaticanus lat. 3272, c. a. 1470 scr.

13 Ap. Butrica, 213.

14 Butrica, loc. cit.

est, ex aliis codicibus vel ex editionibus veteribus vel ex coniecturis doctorum virorum emendare officium editoris esse existimo.

De memoria Tibulli ante aetatem codicum integrorum et librorum impressorum pauca dicenda sunt. Columba sive Columbanus, abbas Luxoviensis et Bobiensis qui vixit a. 543–615, in Epistulae IX versu 'nam macie turpi tabescunt languida membra' non solum ad Horat. Carm. 3, 27, 53 sed etiam ad Corp. Tibull. 3, 10, 5 s respicere videtur quem locum Rigler egregie restituit, nescio an Columbae testimonio usus.[15]

Extat etiam epistula Petri Pisani post a. 781 ad Paulum Diaconum scripta, in qua amico dicit 'Flaccus crederis in metris, Tibullus eloquio', ad quam laudationem non, ut puto, ingratam, Paulus respondet 'tibi quoque, Veronensis o Tibulle, conferor', de Catullo cogitans.[16]

Memoriam poetae nostri etiam Cod. Berol. Diez B. 66, s. VIII testatur, pars catalogi librorum in bibliotheca Caroli Magni Aquis Grani asservatorum, ut hodie inter viros doctos fere constat.[17] In hoc catalogo praeter 'Tibulli lib. II' et Horatii Ars poetica et nonnulla poemata epica Claudiani numerantur.

Porro satis credibile est, catalogum bibliothecae illius aulicae non semel descriptum esse, nam duo testes recentiores eius naturam et indaginem conservare videntur. De quibus unus est elenchus librorum in bibliotheca Abbatiae S. Bene-

---

15 *Mon. Germ. Hist.* III, p. 183; cf. etiam Columb., loc. cit., p. 184, vv. 28 s *quid tunc argenti, fulvi quid proderit auri / improba congeries multos collecta per annos*, qui vv. imitantur Tib. 1, 1, 1 s.

16 Ap. G. Waitz, *Script. rer. Langobard.*, Hannov., a. 1878, 17; cf. R. Ehwald, *Philologus* 46 (1888), 640.

17 B. L. Ullman, *Scriptorium* 8 (1954), 26; 31; B. Bischoff, *Didascaliae* (Novi Eboraci, a. 1961), 41 ss; L. D. Reynolds et N. G. Wilson, *Scribes and Scholars*² (Oxon, a. 1974), 86; *Texts and Transmission*, 421 (Reeve et Rouse).

dicti Laubacensis s. XI et XII asservatorum,[18] alter vero, s. XI scriptus, inter alia excerpta Frisingensia, ut vocantur, ex Tibullo continet.

Sed breviter ad Italiam nobis revertendum est, nam protocollum donationis quam Ducem de Arrigisi a. 774 ecclesiae S. Sophiae fecisse putant vel potius fingunt ab homine docto qui Tibullum legerat compositum esse argumentis G. Billanovich adductus facile crediderim.[19]

Colman, episcopus Hibernicus, qui s. IX Romae commoratus est, Tibullum, sed fortasse in florilegio, legisse videtur.[20] Eodem tempore Walahfrid Strabo notitiam Tibulli habuit.[21] Necnon s. IX vixit ille Milo cuius carmen 'De sobrietate' duos locos Panegyrici Messallae non e florilegio sumptos, ut videtur, scite conflat.[22]

Ad memoriam Tibulli in Gallia iudicandam magni momenti esse Vaticanum lat. 4929, s. IX ad usum Heirici Altissiodurensis scriptum, ut videtur, viri docti iure statuunt. Hic enim codex vel s. X vel XI sine dubio in bibliotheca capitulari civitatis Aureliani asservabatur, quo tempore nescio quis commentarium ad fabulam quae 'Querolus' inscribitur addidit in quo ad nomen 'Ligerem' Tibullum laudat. Ex hoc conicere licet, eodem tempore in eadem bibliotheca exemplar Ti-

---

18 F. Dolbeau, 'Un nouveau catalogue des manuscrits de Lobbes aux XIᵉ et XIIᵉ siècles': *Recherches Augustiniennes* 13 (1978), 32; 14 (1979), 226; *Texts and Transmission*, XXXIV, n. 158 (Reynolds) et passim.

19 *Italia medioevale e umanistica* 1 (1958), 175 s.

20 *Poet. Lat. Med. Aevi* VI 1, 1951, 181 Strecker *tu modo da veniam pigraeque ignosce senectae* (ex Tib. 1, 10, 40); cf. M. Esposito: *Journ. Theol. Stud.* 33 (1932), 114.

21 *Carm.* 6, 11 = vol. II, pp. 335 Dümmler.

22 *Mon. Germ. Hist.*, vol. III, p. 646 *attrectare tamen tantae praeconia laudis / sufficiat voluisse pie* (ex *Pan. Mess.* 7 et 177; cf. Traube ad loc.)

bulli extitisse quod caput et fons Florilegii Gallici existimari possit.[23]

Iam tempus est, ut de Florilegio Gallico plura dicamus. Compositum s. XII in civitate Aureliani, quantum scimus, extat in fere quindecim codicibus, quorum plus minus decem Tibullum laudant.[24] Praeter Tibullum, id quod notatu dignum videtur, Florilegium etiam auctores illo tempore perraro lectos, sicut Petronium, Calpurnium, Nemesianum complectitur.

Quod ad versus ex corpore Tibulliano excerptos attinet, praecipue de Excerptis Parisinis, quae vocantur, breviter dicendum est. Hac appellatione communiter ad testimonium duorum codicum Paris., nempe Paris. 17903 (olim Nostradam. 188), s. XIII, et Paris. lat. 7647 (olim Thuan.), s. XII ex., refertur.[25] Vir doctus qui haec excerpta congessit, multos locos audacter verbis varias ob causas transpositis refinxit. Sic pentametrorum clausulas polysyllabicas, ut vocant, aegre tulit, veritus scilicet, ne discipuli pravis exemplis a regula Ovidiana abducerentur. Ut hoc uno utar exemplo, Tib. 1, 1, 50 'qui maris et tristes ferre potest pluvias' excerptor in 'qui maris et caeli nubila ferre potest' mutavit.[26]

---

23 *Texts and Transmission*, 422 (Rouse et Reeve). Ceterum vir doctus qui s. XIII in civitate Aureliani notas codici Bernensi 276 adscripsit duos versus Tibullianos laudat ex integro, ut putant, exemplari haustos. Cf. etiam Rouse, 'Florilegia and Latin Classical Authors in Twelfth- and Thirteenth-Century Orléans': *Viator* 10 (1979), 131–60.

24 Rosemary Burton, Classical Poets in the 'Florilegium Gallicum': *Latein. Sprache und Literatur des Mittelalters* 14 (Bernae et Francof., 1983) 44 ss. Testibus a Lenz–Galinsky³, 33 ss collectis addere licet Berol. B. Santen 60, s. XIII vel XIV; de Casanat. CV 23, s. XIV vel XV cf. C. Hosius, *Rhein. Mus.* 46 (1891), 588.

25 Burton, loc. cit. Excerpta ex Tibullo quae in Cod. Paris. lat. 13582, s. XII ex. leguntur excerptis a Scaligero citatis simillima sunt.

26 Plura exempla invenies ap. Baehr., ed., p. XIII.

Aliter de Excerptis Frisingensibus quae in Cod. Monacensi Clm. 6292, s. XI extant iudicandum est.[27] Haec enim excerpta, iam Grutero et Gebhardo nota, interpolationibus fere immunia ex codice pervetusto provenire videntur, nam scriptio continua male intellecta perspici potest in 2, 6, 121 'credita ratis' pro 'credit aratis'. Nomen poetae recte 'Tibullus', non 'Tibullius' traditur, etsi praenomen abest. Praetera Panegyricum Messallae in exemplari quo excerptor usus erat non omissum esse, vox 'parma', e v. 95 desumpta, ostendit. Testimonium his excerptis non valde dissimile offert Cod. Venet. Lat. Z. 497 (1881), s. XI.[28] Verum si quis suspicetur excerpta omnia ex uno eodemque archetypo derivata esse, haec opinio argumentis meo quidem iudicio vix comprobari potest.[29]

Lectorem ignorare nolim, unum corpus excerptorum, nempe Cod. Venet. Marc. Lat. Z. 497 (1811), ab exemplari illo pervetusto quod in civitate Aureliani asservabatur non omni ex parte derivari posse. Compilata sunt haec excerpta a Laurentio de Amalfi, praeceptore Hildebrandi monachi, Papae Gregorii VII futuri. Porro in 'Floribus moralium auctoritatum' a. 1329 Veronae compilatis distichon Tibullianum (1, 4, 21s) extat quod a Florilegio Gallico alienum est.[30] De Vaticano Reg. lat. 2120, s. XIII, in quo etiam loci Propertiani citantur, mihi non constat; sed vir doctus qui haec excerpta confecit, in civitate Aureliani vel certe in illa regione, ut videtur, commoratus est.[31]

---

27 E. Protzen, *De excerptis Tibullianis*, Diss. Gryphiswald., a. 1885; B. Munk Olsen, *RHT* 9 (1979), 119s; Burton, loc. cit.

28 F. Newton, *TAPA* 93 (1962), 253ss; *Texts and Transmission*, 423 (Rouse et Reeve). Vide infra, p. XXXVI.

29 Hiller, ed., praef., p. VI.

30 *Texts and Transmission*, 193; 221; 423.

31 *Texts and Transmission*, 324. Haec excerpta Burton silentio praeteriit. De aliis florilegiis cf. J. Hamacher, Florilegium Gallicum: *Latein. Sprache und Lit. des Mittelalters* 5 (Bernae et Francof., a. 1975), 92.

Quae ratio intercedat inter Florilegium Gallicum, Excerpta Frisingensia, codicem Cuiacii deperditum valde incertum est. Pars huius codicis quam 'fragmentum Cuiacianum' vocant, a versu 3, 4, 65 vel paulo antea incepisse videtur. Lectiones fragmenti a Cuiacio accepti Scaliger ex parte transtulit in exemplar editionis Catulli, Tibulli, Propertii Plantinianae quae Antverpiae a. 1569 prodiit; hoc exemplar in Bibl. Univ. Lugd. Bat. sub titulo 755 H 23 asservatur.[32] Primum in editione Appendicis Vergilianae quam Lugd. a. 1572 publici iuris fecit, Scaliger (pp. 474–9) aliquot lectiones protulit; deinde in editione Catulli, Tibulli, Propertii quae a. 1577 Parisiis lucem vidit, plura vulgavit.

Non vanum est nec mirum quod Scaliger iactat, se ad recensenda Catulli, Tibulli, Propertii carmina ne mense integro quidem esse usum, quoniam et emendationes ab eo propositae magna ex parte et versuum traiectiones una fortasse excepta iam in exemplari editionis Plantinianae inveniantur, sic ut appareat, eum a. 1577 iam pridem meditata in chartas dedisse. Ceterum fragmentum Cuacianum non tam diligenter contulisse videtur, ut ex eius silentio quicquam certi concludere possis. Multa enim in editione Plantiniana, ut videtur, tacite praeteriit, et in Castigationibus a. 1607 haud semel in dubio relinquitur, utrum fragmentum Cuiacianum vetustum an codex Cuiacianus recentior qui nunc in Bibliotheca Britannica asservatur, intellegi debeat.[33]

---

32 Ex hoc libro Heinsius notas Scaligeri in exemplar ed. Aldinae a. 1515 transtulit; denuo recognovit Francken: *Acta Academ. Amstelod. Litt.* 10, 1866. Deinde Postgate haec testimonia inspexit, sed pluribus locis ne divinatione quidem assecutus est quid re vera in fragmento illo deperdito scriptum fuerit. De collatione nescio cuius viri docti vide Huschke, ed. vol. I, pp. LXXV–LXXVII; vol. II, pp. 614; 676.

33 De fato codicis Cuiaciani vetustioris coniecturas novas atque admodum probabiles invenies in *Texts and Transmission*, 424 s.

Neque inter viros doctos constat, num lectiones nonnullae quas Scaliger e Cuiaciano vetustiore laudat hic illic etiam in codicibus s. XV, editionibus veteribus, excerptis Petrei, fortasse etiam in notis quas Hadrianus Wallius exemplari editionis Venetae a. 1475 adscripsit, extent; certe duas lectiones notabiles (3, 5, 10; 4, 3, 3) solus servasse videtur.[34]

Transeamus ad alia testimonia quae de memoria Tibulli ante litteras renascentes certiores nos facere poterunt. Codex unus in bibliotheca amplissima Ricardi de Fournival qui a. 1240–1260 cancellarius cathedralis Ambianaeae erat, tamquam 'Albii Tibullii liber epigrammaton' describitur.[35] Excerpta ex hoc codice reperta sunt in Cod. Paris lat. 16708 (Sorbonnensi) quem compilavit s. XV nescioquis ex libris Ricardi.[36]

Codex integer quem Ricardus fortasse in usum suum describi iusserat quin apographon codicis vetusti Aurelianensis fuerit, vix est quod dubitemus; ambigitur, an Ricardus hunc codicem a monachis Corbeiae obtinuerit.[37]

Lovato Lovati, vir doctus et poeta non inelegans Patavinus qui obiit a. 1309 Tibullum imitatus est, ut videtur, quem fortasse in codice bibliothecae capitularis Veronensis legerat.[38] Etiam si de Lovato non constat, a vero tamen non ab-

---

[34] Hiller: *Jahrbücher für Class. Philol.* 29 (1883), 273 s asseruit Italis quibusdam cod. Cuiacianum vetustiorem notum fuisse; paulo circumspectius iudicant Rouse et Reeve, *Texts and Transmission*, 425.

[35] L. Delisle, *Le Cabinet des manuscrits de la Bibliothèque Nationale*, vol. II (Paris., a. 1870), 531, n. 15.

[36] B.L. Ullman, *Studies in the Italian Renaissance* (Romae, a. 1955), 41–53; *Texts and Transmission*, 325; 422.

[37] B.L. Ullman: *Scriptorium* 8 (1954), 24 ss; aliter B. Bischoff: *Didascaliae* (Novi Eboraci, a. 1961), 41 ss.

[38] De Lovato et de Albertino Mussato qui obiit a. 1329 cf. G. Billanovich: *Italia Medioevale e Umanistica* 1 (1958), 155 ss; Rey-

horret, Corpus Tibullianum s. XIII vel XIV in notitiam Italorum studiosorum venisse, et quidem inter eos Guilielmus de Pastrengo Veronensis (a. 1290–1365), familiaris clarissimi Petrarchae, dignus est qui nominetur. Quamvis Lachmann, de vetustioribus codicibus Tibulli reperiendis desperans, olim coniecerat,[39] Tibullum in Italia non ante s. XIV lectitatum fuisse, Haupt[40] luculenter demonstravit, ut opinor, Guilielmum Pastrengicum e Tibullo 1, 7, 29–36 notitiam rerum Aegyptiacarum hausisse. Tradit enim in libro qui 'De originibus rerum' inscribitur (fol. 88 v) 'Osiris Aegyptiorum deus aratra primus apud Aegyptios fecit, terram ferro sollicitavit et inexperta [lege: inexpertae] terrae semina commisit, poma ab ignotis legit arboribus, palis vitem adiunxit viridemque comam dura falce caedere docuit et ex matura uva suavis liquores expressit.' Non sine causa Haupt[41] quem Baehrens[42] aliique secuti sunt Pastrengicum sive Veronae sive alibi codicem integrum poetae nostri inspexisse existimat. Aliter de ea re iudicavit L. Mueller,[43] cui suspicio orta est, Pastrengicum in commentario copiosiore quem scholiasta ad Iuvenalem, Sat. 8, 29 excerpsit

nolds et Wilson, *Scribes and Scholars* (Oxon., 1974), 109 ss; 120; 235; W. P. Sisler, *An Edition and Translation of Lovato Lovati's Metrical Epistles*, Diss. Phil. Johns Hopkins Univ., a. 1977. Coniecturam de codice Veronensi Tibulli fecit R. Sabbadini, *Le scoperte dei codici Latini e Greci nei secoli XIV e XV*, vol. I (Florent., 1905), 2; 16, n. 80; vol. II (1914), 93, n. 25. An Mussato et Lovati etiam Propertium imitati sint in dubitationem vocatur *Texts and Transmission*, 324, n. 8 (Tarrant).

39 Ed., praef., p. VI.
40 *Opusc.* I 276 s.
41 Loc. cit.
42 Praef. ed., p. VI.
43 Praef. ed., p. V.

totum locum invenisse. Neque tamen a vero abhorret, Petrarcham exemplar Tibulli in Gallia inventum in Italiam rettulisse.[44]

Iam transeamus ad viros doctos Italos qui s. XIV et XV Tibullo operam dederunt, inter quos praesertim nominandi Colucius Salutati (a. 1331–1406), Ioannes Aurispa (a. 1370–1459), Antonius Panormita (i.e., Beccadelli, a. 1394–1471), Franciscus Philelphus (a. 1398–1481), Ioannes Iovianus Pontanus (a. 1426–1503), Angelus Politianus (a. 1454–1494). De Puccio, Poccho, Petreio, Colotio infra disputabitur.

De Colucio, cuius exemplar Tibulli in bibliotheca Ambrosiana asservatur, iam supra dictum est. Ut alia praeteream, Aurispae supplementum loci mutili 1, 2, 26 in tribus Vaticanis extat.[45] Panormitae lectiones hic illic laudantur; etiam Philelphus in textu restituendo versatus est.[46]

Pontanus non solum codicem Guelferbytanum G, ut videtur, manu propria descripsit, sed etiam notas ad textum reliquit. Nam in Bibliotheca Vaticana sub titulo 'R.I.V. 2238' exemplar editionis Gryphianae a. 1534 'cum notis Pontani et Colotii' asservatur; ibidem sub titulo 'Aldine III. 19' extat exemplar editionis Aldinae a. 1502 cum lectionibus 'e vet. cod. Pontani'. Sed inter viros doctos iam pridem suspicio orta est, Pontanum illum 'codicem veterem', cui inessent, ut asseruit, quidam in aliis libris desiderati versus, simulasse vel

---

44 R. Sabbadini, *Riv. Filol.* 42 (1914), 351; B.L. Ullman, *Studies in the Renaissance*, 192–5; *Texts and Transmission*, 423.

45 Vat. Ottob. Lat. 1202, a fratre Aurispae scriptus, porro Vat. lat. 2794 et 11425. Cf. Broukhus. ad 1, 2, 24; R. Sabbadini, *Carteggio di Giovanni Aurispa* (Romae, a. 1931); Albinia C. de la Mare: *Medieval Learning and Literature* (Oxon., a. 1976), 239–51.

46 C. de Rosmini, *Vita di Francisco Filelfo*, vol. I–III (Mediol., a. 1808).

finxisse.⁴⁷ Certe codicis illius nemini copiam fecit, nec fortasse facere potuit. Petreius qui in excerptis suis 'Pontani codicem' saepius laudat semel prodit, se librum ipsum numquam vidisse, notans ad 3, 4, 64 'Pontanus reposuit ab illo, ut asserebat, codice *flere nec ante pedes pudeat dominamque vocare*' qui versus etiam in Guelferbytano extat. Praeterea idem Pontanus testibus Petreio et Poccho 3, 2, 5 *non haec patientia nostro* reposuit, sed hanc lectionem forte e codice quodam sumpsit, cum sit in Paris. lat. 7989 qui ante Pontanum natum scriptus fuerat, ut Lachmann ad locum monuit.

Angelus Politianus in exemplari editionis Venetae a. 1472 quod Romae in Bibliotheca Corsiniana sub titulo 'Inc. 50 F. 37' asservatur, nonnulla ad textum Tibulli emendandum idonea notavit; ibidem (fol. 127v) et de collatione Propertii cum 'vetusto libro' lecturo spem fecit.⁴⁸

Pauca de curis Thomae Senecae Camertis (c. a. 1392–c. a. 1455) dicenda sunt qui Anconae vel Bononiae recensionem Tibulli non magni pretii,⁴⁹ ut verum dicam, fecit quae in nonnullis codicibus adhuc extat, nempe in Vaticano lat. 2794, a. 1434, Berol. Diez. B. Sant. 39b, Dresd. 133, s. XV, Mediolan., Archivio di Stato, s. XV,⁵⁰ Parisin. lat. 7989, a. 1423.

Francisco Puccio (a. 1462–1512), discipulo Politiani, nonnullas lectiones debemus quas ex fonte quodam minime spernendo hausit. Nam Puccius a. 1502 e vetusto, ut ipsi quidem videbatur, codice notis in exemplari ed. Regiensis a. 1481 ex-

---

47 Huschke, ed. I, p. XI.
48 Ida Maier, *Les manuscrits d'Ange Politien* (Paris., a. 1965), 1; 36s; F.-R. Hausmann, in : *Kontinuität und Wandel* (Hildesheim, a. 1986), 627; 631.
49 F. W. Hall, *A Companion to Classical Texts* (Oxon., a. 1913), 101 s 'Seneca is a type of wandering scholar, with no great ability, convinced that he is improving the text on which he is working, whereas in reality he is deepening its corruption.'
50 A. R. Natale: *Aevum* 24 (1950), 486 ss.

cusae quod in Bibliotheca Universitatis Gottingensis asservatur Tibullum emendare conatus est. Quibus notis a nescio quo in exemplar editionis Vicentinae a. 1481 translatis Lachmann usus est. Exemplar editionis Vicentinae quod sub titulo VII 124 (A 3, 39) in Bibliotheca Nationali Florent. asservatur, annotationes Bernardi Pisani exhibet qui, ut ipse fatetur, multa e Puccio hausit.[50a]

Excerpta Antonii Petrei vel Perrei (a. 1498–1570) ab editoribus saepius laudantur. Quod scimus, Petreius Tibullum recognovit collatis, ut ipse dicit, 'emendatissimis et vetustissimis Romae et Florentiae codicibus anno 1528'. Variae lectiones Petrei extant in exemplari editionis Aldinae a. 1515 quod nunc asservatur Berolini sub titulo 'Diez 8° 2474'.[51]

Etiam de excerptis Angeli Colotii breviter dicendum est. Asservantur enim in Bibliotheca Vaticana nonnulli libri impressi cum notis manu scriptis, ex gr. sub titulo 'Aldine III.20' exemplar editionis Aldinae a. 1502 cum notis Angeli Colotii et Basilii Zanchi et sub titulo 'R.I.V. 2238' exemplar editionis Venetae a. 1475 cum notis Colotii.

Haec excerpta quibus notae Pocchi passim ab editoribus laudatae addendae sunt,[52] a viris doctis Italis sine dubio ad editionem Tibulli instruendam confecta sunt, et sicut habemus in codicibus veteribus editiones integras sine notis, excerpta Italorum quodam modo apparatus critici sine textu habenda sunt.

50a Cf. etiam Hausmann, *op. cit.* (n. 48), 627.

51 Post Broukhusium excerpta Petreii diligenter contulit Huschke; cf. etiam ed. Bach a. 1819, p. XVII; *Texts and Transmission*, 425, n. 25.

52 Multa alia in bibliothecis latent, ex gr. Alexandri Synclitici notae in exemplari ed. Regiensis a. 1481, olim in bibliotheca Diez., et notae Casp. Barthii quas inspexit Huschke in exemplari ed. Regiensis quae asservabatur in bibliotheca Lipsiensi. Hadriani Wallii notae in exemplari editionis Venetae a. 1475 nonnumquam cum fragmento Cuiaciano deperdito congruunt.

Restat, ut de testibus quibus duo Priapea dubia auctoritate Tibullo tribuuntur pauca dicam. Priapeum primum Achilles Statius quidem invenit in 'antiquo codice', i.e. Londin. Bibl. Brit. Burney 268. De eodem carmine Scaliger[53] haec refert 'nomine Tibulli in antiquis codicibus inveniri et alii in editionibus suis admonuerunt et nos inter opera Tibulliana in optima scheda reperimus.' Hanc schedam fragmentum Cuiacianum esse nemo est qui dubitet. Ceterum in Cod. Londin. Bibl. Brit. Add. 12004, s. XV, nescioquis notavit hoc epigramma a Nophrio Strozza Florentino repertum esse in Euganeis montibus prope 'rus Arquati'. Primum additum est Priapeis quae vulgo a primo usque ad octagesimum numerantur in ed. Vergilii Romana a. 1471.[54]

Secundum Priapeum quod Tibullo adscribitur primum excusit eadem editio Vergilii Romana a. 1471, sed Tibullo etiam tribuit Antonius Goveanus qui notas Antonii Molini inspexerat.[55]

Nunc de editionibus veteribus quarum unaquaeque, ut ita dicam, vice unius vel plurium codicum nunc deperditorum fungitur, breviter disseram. Primum autem notandum est, quod editores recentiores non satis diligenter tradunt, neque unam neque duas sed quattuor editiones vetustissimas typis mandatas esse quae omnes quodam modo nomen 'editionis principis' merentur, cum omnes eodem fere tempore sic, ut una de tribus aliis non pendeat, excusae sint.[56]

---

53 *P. Virgilii Maronis Appendix* (Lugd. Bat., a. 1572), 473; cf. *Texts and Transmission*, 323, n. 3 (Reeve).

54 *Texts and Transmission*, loc. cit.

55 In editione Vergilii rarissima Lugd. a. 1543 et 1544 typis exscripta; cf. *Texts and Transmission*, loc. cit.

56 Non satis accurate meo quidem iudicio eas distinguit M. Flodr, *Incunabula classicorum* (Amstelod., a. 1973), s.v. 'Catullus', 'Propertius', 'Tibullus'.

1) Editionem principem quam maiorem vocant curavit Wendelinus de Spira Venetiis a. 1472 cum Catullo et Propertio ('Catullus 1' Flodr).[57]

2) Editionem principem quam minorem vocant curavit Federicus de Comitibus mense Februario a. 1472 Venetiis, ut videtur ('Tibullus 1' Flodr). Quaedam exemplaria solum Tibullum, alia solum Propertium, alia unum et alterum, sed numquam cum Catullo coniunctos, ut videtur, complectuntur. Haec editio forsitan superiore paulo vetustior sit.[58]

3) Editionem principem tertiam vel Pinellianam curavit Venetiis circa a. 1472 Florentius Argentinus sive de Strassburg ('Tibullus 12' Flodr qui falso, ut opinor 'de Strassberg' scribit). Omnium editionum in quibus Tibullus seorsim a Catullo et Propertio prodiit haec prima videtur; continet etiam Epistulam Sapphus quae Ovidio adscribitur.

4) De editione principe quarta vel Bartoliniana quae sine designatione loci vel anni circa a. 1472, ut videtur, typis exscripta est omnino mihi non constat, sed ab aliis distincta habenda videtur. Iam s. XVIII rarissima nunc fortasse prorsus sublata est; certe apud Flodr talem editionem qualem descripserunt viri docti non invenio.[60]

---

57 Descripsit eam Huschke, ed. (a. 1819), vol. I, pp. XLss; contulit L. Dissen in Suppl. ed. Heyne–Wunderlich (Lips., a. 1819, 19ss; breviter eam descripsit 6ss); cf. Butrica, *Manuscript Trad. of Prop.*, 160ss.

58 Descripsit eam Huschke, vol. I. pp. xxxviiss; contulit Dissen, op. cit., pp. 19ss (breviter eam descripsit p. 8); cf. Butrica, 159 qui ab uno exemplari quod inspexit de omnibus iudicat.

59 Descripserunt eam Heyne, ed. quarta, XLI, n.; Huschke I, XXXIIIss; Dissen, in Suppl., 8s; contulit Dissen, ed. (Gott. a. 1835), part. pr., pp. 99ss.

60 Descripserunt eam Huschke I, XXXIVss; Dissen, in Suppl., pp. 9ss; contulit Huschke II, 847ss. Morelli, ap. Dissen, loc. cit., de Thoma Ferrando, claro typographo Brixiensi, cogitabat qui et Propertium curavit ('Propertius 10' Flodr, s.a.).

Nunc breviter recensebo praecipuas editiones quae annis sequentibus in lucem emissae sunt, nam eae quoque ab editoribus non sine fructu adhibitae sunt.

Editio Mediolanensis, ut videtur, quam a. 1475 Philippus de Lavagnia pro Ioanne de Colonia et Ioanne Manthen Venetis curavit ('Catullus 3' Flodr), quae et Catullum et Propertium continet.[61]

Editio Romana a. 1475 (18 Iul.) apud Georg. Lauer, cum commentario Bernardini Cyllenii Veronensis ('Tibullus 4' Flodr). In fine haec verba addita sunt 'praesens opus Tibulli Albici imprimi fecit G. Tibullus de Amidanis de Cremona ...'.

Editio Vicentina a. 1481 apud Ioannem Renensem (de Reno) et Dionysium Bertocchum, curata a Ioanne Calphurnio ('Catullus 5' Flodr) quae et Catullum et Propertium continet.[62]

Editio Regiensis a. 1481 (19 Kal. Oct.) per Albertum de Mazalibus et Prosperum Odoardum ('Tibullus 8' Flodr) quae et Catullum et Propertium continet.[63]

Editio Veneta a. 1485 (3 Mart.) apud Antonium Battibovem Alexandrinum, cum commentario Cyllenii ('Tibullus 5' Flodr).

Editio Brixiensis a. 1486 (18 Febr.) apud Bonium de Boninis de Ragusia ('Tibullus 6' Flodr).[64]

Editio Veneta a. 1487 (15 Dec.) per Andream de Palthascichis Cataremsem, cum commentario Cyllenii ('Tibullus 7' Flodr) quae etiam Catullum continet.

---

61 Butrica, 161s.

62 Retractatio est editionis principis Vindelini de Spira, a Calphurnio non infelici successu facta.

63 Eam inspexerunt Fr. Puccius, N. Heinsius alii; cf. etiam Butrica, 161.

64 Secundum Heyne expressa videtur ex editione Romana a. 1475 quae quasi pro altera principe editione habenda sit, sed nemo eam diligenter contulit vel ante vel post illum; cf. Huschke I, LVIII.

Editio Lipsiensis apud Conrad. Kacheloven, circa. a. 1487 ('Tibullus 2' Flodr).

Editio Lipsiensis altera apud Conrad. Kacheloven, circa a. 1490 ('Tibullus 3' Flodr).

Editio Veneta a. 1491 (9 Dec.) per Bonetum Locatellum pro Octaviano Scoto ('Tibullus 9' Flodr), cum commentario Cyllenii quae etiam Catullum et Propertium continet.

Editio Veneta a. 1493 (26 Iun.) per Simonem Bevilaquam ('Tibullus 10' Flodr), cum commentario Cyllenii.

Editio Veneta a. 1500 (19 Mai.) cum commentario Cyllenii edita ab Hieronymo Avantio apud Ioannem Iacuinum ('Tibullus 11' Flodr).

Editio Lipsiensis a. 1500 ex officina Jacobi Thanner ('Tibullus 13' Flodr).[65]

Editio Aldina prima a. 1502 fundamentum in Veneta a. 1500 habere videtur, sed accesserunt correctiones, partim ex comparatis inter se pluribus huius generis editionibus, partim viri docti iudicio.[66]

Editio Aldina secunda a. 1515 a viro docto multis locis emendata et correcta, in qua sublati sunt aut certe asteriscis notati plerique ex versibus interpolatis.

Iam recensebo editiones antiquiores in quibus lectiones codicum non satis notorum vel nunc plane deperditorum invenies:

Ed. Gryphiana, Lugd. a. 1534, repetita aliquoties, e.g. 1551.

Ed. M. A. Mureti, Venet. a. 1554 et 1558; secundam ed. a. 1562 contuli.

Ed. Achillis Statii, quasi Aldina tertia, Venet. a. 1567.

Ed. Plantiniana, Antverpiae a. 1569, cum notis Theod. Pulmanni. Contuli.

Editiones J.J. Scaligeri, Paris. a. 1577, 1582, 1600, 1607.

---

[65] Heyne, ed. quarta, XLVI; Dissen, in Suppl., 13.
[66] Butrica, 167.

Ed. Dousae Patris, recogn. Dousa Filius, Lugd. Bat. a. 1592.

Ed. Horatii Tuscanellae, Basileae a. 1592.

Ed. Iani Passeratii, Paris. a. 1608.

Ed. Iani Gebhardi cum notis Livineii, Francof. a. 1621.

Ed. I. G. Graevio attributa, cum notis Dousae patris, Dousae filii, Scaligeri, Mureti, aliorum, Traiecti ad Rhenum a. 1680.

Ed. Cantabrigiensis a. 1702 quam curaverunt Comes de Anglesey aliique viri docti cum Bentleio amicitia coniuncti. Contuli.

Ed. Iani Broukhusii, Amstelodami a. 1708.

Ed. I. A. Vulpii, Patav a. 1749.

Editiones Chr. Gottl. Heyne, Lips. a. 1755, 1777, 1798, 1817 (haec ultima cum notis E. C. F. Wunderlich et supplemento L. Dissen, a. 1817). Contuli.

Ed. J. G. Huschke, Lips. a. 1819. Contuli.

Ed. Chr. Bach, Berol. a. 1819. Contuli.

Ed. C. Lachmann, Berol. a. 1829. Contuli.

Ceterum in praefatione refertur ad editiones L. Dissen, Gott a. 1835; L. Mueller, Lips. a. 1870; E. Baehrens, Lips. a. 1878; E. Hiller, Lips. a. 1885; J. P. Postgate, Oxon. 1905 et 1924; F. W. Lenz cum G. C. Galinsky[3], Lugd. Bat. a. 1971. Qui pleniorem notitiam desiderant, bibliographorum volumina adeant.

In Tibullo recensendo maximi momenti mihi visum est, lectiones traditas bene distinguere atque singulas fontibus vetustioribus, sed paucissimis, sive codici, sive excerptis, sive editioni adscribere. Plane supervacaneum est, ut opinor, pro singulis lectionibus in apparatu critico lectori farraginem testium obtrudere. Porro cum editoribus mos sit, sub siglis 'ς' vel 'recc.' vel 'Ital.' plerumque lectiones editionum veterum et coniecturas virorum doctorum celare, operam dedi, ut diligenter indagarem auctorem vel potius auctoritatem uniuscuiusque verbi. Leviora quae nec ad scripturam nec ad codicis alicuius pretium aestimandum pertinent, praetermittenda putavi, atque in codicum lectionibus adferendis meros scribarum errores omisi exceptis eis quae originem corruptelae illustrare possunt. Historiam textus qui codicibus iam ab exeunte medio aevo, ut videtur, tam penitus contaminatis et interpolatis traditur stemmate nullo modo posse delineari vix est quod moneam.

Fieri non potest, lector benevole, ut editio recentissima Tibulli vicem omnium editionum priorum expleat; certe ego semper in manibus habui tres vel plures editiones antiquiores.

Restat, ut amicis qui in hac editione instruenda comiter et liberaliter operam suam mihi commodaverunt, imprimis Victor Böhm, Sarah Marcin, Adrianne Pierce, Robert Renehan, gratias maximas persolvam.

Baltimoriae, mense Augusto A.D. 1986. G.L.

PRAEFATIO EDITIONIS ALTERIUS

Iteratis curis cum Corpus quod dicitur Tibullianum mihi edendum sit, libenter occasione data utor ad corrigendum et emendandum.

Inter alia notandum est, indicem paene perfectum absolutumque omnium codicum poetae nostri, qualem editio prior nondum exhibere potuit, nunc exstare. Hoc instrumentum utilissimum debemus curis F.-R. Hausmann (*Kontinuität und Wandel*: Franco Munari zum 65. Geburtstag, Berol. ap. Weidmannos, 1986, pp. 598–632). In editione priore notaveram solum libros manu scriptos qui ab editoribus antiquis et recentioribus passim laudantur, addens tamen illos qui a D.˙F.˙S. Thomson (*Catullus: A Critical Edition*, Univ. of North Carolina Press, a. 1978) et J.˙L. Butrica (*The Manuscript Tradition of Propertius*, Univ. of Toronto Press, a. 1984) accuratius memoriae proditi sunt. Hausmann quidem ad Thomson semper, sed ad Butrica cuius librum ignoravisse videtur, numquam refert. Quae cum ita sint, officium meum putavi, indicem ab Hausmann magna cum cura confectum mutatis mutandis et paucis lacunis expletis in usum editorum transcribere. Ceterum non minimi momenti sunt quae Francisca Moya del Baño ("Notas sobre ediciones y comentarios de Tibulo desde el humanismo": *Simposio Tibuliano*, Univ. de Murcia, 1985, pp. 59–87) congessit.

Inter editores recentiores notatu digni videntur F. della Corte (Veronae a. 1980), P. Murgatroyd (vol. I Pietermaritzburg a. 1990, vol. II Oxon. a. 1995), cum commentario, A. G. Lee et R. Maltby (ed. tertia, Leeds a. 1990). De editione *Appendicis Tibullianae* ab H. Tränkle curata vide censuram quam feci *Gött. Gel. Anz.* 246 (1994), pp. 70–86. Lygdami elegiarum librum diligenter edidit et commentario amplissimo instruxit F. Navarro Antolín (Leiden 1995).

Viris et feminis doctis qui errata comiter correxerunt, imprimis James Butrica, Peter Flury, George Goold, Guy Lee, Francisca Moya del Baño, Fernando Navarro Antolín, Antonio Ramírez de Verger, Raoul Verdière gratias maximas ago.

Baltimoriae, A.D. 1997   G. L.

INDEX CODICUM

Augustobonensis (Troyes), Bibl. publ. 2471, post a. 1485.
Hausm. n. 128.

Austinensis (Austin, Texas), Humanities Research Center, a. 1451 (2, 4, 13 ss).
Hausm. n. 1.

Bergomas (Bergamo), Bibl. Civica Angelo Mai Δ. V.10, post a. 1450.
Hausm. n. 2.

Bergomas, Bibl. Civica Angelo Mai Σ. II.33, post a. 1459. R in consp. sigl.
Hausm. n. 3; Thoms. n. 2; Butr. pp. 153–5.

Bernensis, Burgerbibliothek Bongars. 527, s. XV, ex libris Barbati medici.
Hausm. n. 12.

Berolinensis, Deutsche Staatsbibliothek Diez B. Sant. 21, s. XV. 'Askewianus' editorum. E in consp. sigl.
Hausm. n. 4.

Berolinensis, Deutsche Staatsbibl. Diez B. Sant. 39a, s. XV.
Hausm. n. 5.

Berolinensis, Deutsche Staatsbibl. Diez B. Sant. 39b, a. 1463. 'Datanus' editorum. D in consp. sigl.
Hausm. n. 6.

Berolinensis, Staatsbibl. Preuss. Kulturbesitz Diez B. Sant. 58, s. XV.
Hausm. n. 7.

Berolinensis, Deutsche Staatsbibl. Ham. 636, s. XV. Ex libris Collegii Taurinensis Societatis Jesu.
Hausm. n. 8.

Berolinensis, Deutsche Staatsbibl. Ham. 637, s. XV, XVI. Ex libris Apostolo Zeno Veneti.
Hausm. n. 9.

Berolinensis, Deutsche Staatsbibl. Ham. 638, a. 1452 'per me Io⟨annem⟩ Καρ⟨pensem⟩ ...' scr. Ex libris Collegii Jesuitarum Romae.
  Hausm. n. 10 (cf. p. 621).
Berolinensis, Staatsbibl. Preuss. Kulturbesitz Lat. Quart. 309, a. 1451.
  Hausm. n. 11.
  N. B. Exstat apud Chr. Bach, ed. Tibulli, Lips. a. 1819, collatio quattuor codicum Berolinensium.
Bononiensis (Bologna), Bibl. Univ. 1548 (2875), s. XVI.
  Hausm. n. 13.
Bononiensis, Bibl. Comunale del Archiginnasio A 290, s. XV, XVII.
  Hausm. n. 14.
Brixianus (Brescia), Bibl. Civ. Queriniana A.VII.7, post a. 1451, fort. post a. 1472. Q in consp. sigl.
  Hausm. n. 15; Thoms. n. 10; Butr. pp. 114; 132–5; 212s.
Bruxellensis, Bibl. Royale Albert Ier, 14.638, c. a. 1450–1460. X in consp. sigl.
  Hausm. n. 16; Butr. pp. 37–54; 110–4; 213s.
Bruxellensis, Bibl. Royale Albert Ier, 14.640, s. XV.
  Hausm. n. 17.
Budensis (Budapest), Egyetemi Könyvtár (Bibl. Univ.) 99, s. XV, XVI.
  Hausm. n. 18.
Budensis, Országos Széchényi Könyvtár (Nat. Mus.) Clmae 137, s. XV. Fort. ex libris Regis Matthaei Corvini.
  Hausm. n. 19.
Caesenas (Cesena), Bibl. Malatestiana 29 sin. 19, a. 1475.
  Hausm. n. 23; Thoms. n. 13.
Camerinensis (Camerino), Bibl. Valentiniana e Comunale 23 (III. Q.2-23), a. 1471 'per ... Hier. Bernardum' scr.
  Hausm. n. 21.
Carpentoractensis (Carpentras), Bibl. Inguimbertine (Bibl. de la Ville) 361 (L357), c. a. 1440–1450 scr. Ex libr. Marci Donati, Iurisconsulti Veneti.

Hausm. n. 22; Thoms. n. 12; Butr. pp. 98–100; 214 s.
Cortoniensis (Cortona), Bibl. Comunale e dell'Accademia Etrusca 233, post a. 1479.
Hausm. n. 24.
Dresdensis, Sächs. Landesbibl. Dc 133, c. a. 1470–1479 a Partenio Pallini scr. Ex libris Iasonis de Mayno Iurisconsulti.
Hausm. n. 25; Thoms. n. 15; Butr. pp. 63 s; 145–8; 217 s.
Eboracensis (York, Cathedral) Heinsii nunc deperditus, c. a. 1425. Y in consp. sigl.
Hausm. n. 175.
Escorialensis (El Escorial), Real Bibl. ç. IV.22, s. XV.
Hausm. n. 26 (cf. n. 126); Thoms. n. 15; Butr. pp. 104; 117; 120–2; 218 s.
Escorialensis, Real Bibl. S. III.22, s. XVI, fort. a Paolo Emilio Buccabella scr. S in consp. sigl.
Hausm. n. 27; Butr. pp. 166; 220 s.
Ferrarensis, Bibl. Comunale Ariostea 156, s. XV, ex libris Giuseppe de Carlis.
Hausm. n. 28.
Florentinus, Bibl. Landau 306.314, s. XV.
Florentinus, Bibl. Medicea-Laurenziana pl. 33.11, post a. 1472 a Bartolomeo Fonzio scr. Ex libr. Francesco Sassetti. Adhibitus a Statio.
Hausm. n. 29; Thoms. n. 20; Butr. p. 165; 221.
Florentinus, Bibl. Medicea-Laurenziana pl. 33.12, a. 1457 a Gherardo del Ciriagio in usum Giovanni Cosimo de' Medici scr.
Hausm. n. 30 (cf. n. 108); Thoms. n. 21.
Florentinus, Bibl. Medicea-Laurenziana pl. 33.14, s. XV ab Antonio Iuliano scr.
Hausm. n. 31; Butr. pp. 55–8; 221 s.
Florentinus, Bibl. Medicea-Laurenziana pl. 33.15, post a. 1450.
Hausm. n. 32; Butr. pp. 97–100; 114 s; 222 s.
Florentinus, Bibl. Medicea-Laurenziana pl. 38.36, c. a.

1450–1460.
Hausm. n. 33; Butr. pp. 97–100; 223 s.
Florentinus, Bibl. Medicea–Laurenziana pl. 38.38, a. 1469 a Pietro Cennini scr.
Hausm. n. 34 (cf. n. 103)
Florentinus, Bibl. Medicea-Laurenziana pl. 38.39. s. XV
Hausm. n. 35.
Florentinus, Bibl. Medicea-Laurenziana pl. 91.28, s. XV.
Hausm. n. 36.
Florentinus, Bibl. Medicea-Laurenziana Ashb. 261, s. XV.
Hausm. n. 37.
Florentinus, Bibl. Nazionale Centrale Magliabecchi VII 1053, c. a. 1443 a Tito Vespasiano Strozzi, ut vid., scr., certe ante a. 1505 in eius bibliotheca.
Hausm. n. 38; Butr. pp. 98–100; 227.
Florentinus, Bibl. Nazionale Centrale Magliabecchi VII 1054, c. a. 1480–1490, ex libr. Tito Vespasiano Strozzi.
Hausm. n. 39; Thoms. n. 27.
Florentinus, Bibl. Nazionale Centrale Magliabecchi VII 1069, s. XVI, ex libr. Carlo Bonziani.
Hausm. n. 40.
Florentinus, Bibl. Nazionale Centrale Magliabecchi VII 1130, s. XV a 'Marino' scr.
Hausm. n. 41.
Florentinus, Bibl. Nazionale Centrale Magliabecchi VII 1134, s. XVI.
Hausm. n. 42.
Florentinus, Bibl. Nazionale Centrale Panchiatici 146, a. 1475 a Francisco Viviano scr.
Hausm. n. 43; Thoms. n. 29.
Florentinus, Bibl. Riccardiana 602, s. XV ex., ut vid.
Florentinus, Bibl. Riccardiana 606, c. a. 1457
Hausm. n. 44.
Florentinus, Bibl. Riccardiana 632, s. XV (XVII).
Hausm. n. 45.
Foroiuliensis (San Daniele del Friuli), Bibl. Guarneriana 56,

ante a. 1461. Ex libr. Guarnerio d'Artegna. Guarnerianus Vulpii.
Hausm. n. 126 (cf. n. 26).
Genuensis (Genoa), Bibl. Civica Berio D bis 4. 3. 5, s. XV. Ex libr. Giovanni Paolo Battista Porta. I in consp. sigl.
Hausm. n. 46; Thoms. n. 34.
Gothanus, Landesbibl. B 1047, s. XV.
Hausm. n. 48.
Gottingensis, Niedersächs. Landes- und Universitätsbibl. 8° Philol. 111^b, c. a. 1456. Ex libris Francisci Cavriani.
Hausm. n. 47; Thoms. n. 35; Butr. pp. 119–31; 232 s.
Gratianopolitanus (Grenoble), Bibl. de la Ville 549 (858:17), a. 1472.
Hausm. n. 49; Thoms. n. 38; Butr. pp. 63 s; 138; 145–8; 233 s.
Guelferbytanus (Wolfenbüttel), Herzog-August-Bibl. Gud. 63.5 Aug. 8°, c. 1480 a Clemente Genovesi di Salerno scr. Fort. ex libr. Regis Matthaei Corvini. 'Guelferbytanus primus' Heynii.
Hausm. n. 171.
Guelferbytanus, Herzog-August-Bibl. 65.2 Aug. 8°, c. 1485 a Clemente Genovesi di Salerno scr. Fort. ex libr. Regis Matthaei Corvini. 'Guelferbytanus quartus' Heynii.
Hausm. n. 172; Thoms. n. 126; Butr. pp. 166; 169; 322.
Guelferbytanus, Herzog-August-Bibl. 82.6 Aug. F°, c. 1460 a Ioviano Pontano scr. Vide praef. pp. VIIs. 'Guelferbytanus secundus' Heynii. G in consp. sigl.
Hausm. n. 173; Butr. p. 209.
Guelferbytanus, Herzog-August-Bibliothek Gud. Lat. 362, 8°, c. a. 1460. 'Tertius Guelferbytanus' Heynii.
Hausm. n. 174; Thoms. n. 128.
Hamburgensis, Stadt- und Universitätsbibl. scrin. 139, s. XV. Ex libr. 'Romani nigrosoli'. H in consp. sigl.
Hausm. n. 50; Thoms. n. 38, Butr. pp. 41; 111; 235 s.
Harvardianus (Cambridge, MA, Harvard College Library) 46, s. XV.

XXXII INDEX CODICUM

Hausm. n. 20.
Leidensis, Bibl. Rijksuniversiteit Voss. lat. 0.13, c. a. 1459. 'Vossianus quintus' Heynii.
   Hausm. n. 51; Thoms. n. 39; Butr. pp. 132–5; 236 s.
Leidensis Voss. lat. 0.42, a. 1473. 'Vossianus quartus' Heynii.
   Hausm. n. 52.
Leidensis Voss. lat. 0.59, a. 1453. 'Vossianus secundus' Heynii.
   Hausm. n. 53; Thoms. n. 40; R. A. B. Mynors, ed. Catull., Oxon. a. 1958, p. ixs.
Leidensis Voss. lat. 0.76, a. 1451 ab Antonio Beccara Veronensi scr. Ex libr. Federico Cerruti Veronensis. 'Vossianus primus' Heynii.
   Hausm. n. 54; Thoms. n. 41.
Leidensis Voss. 0.81, c. a. 1460. Ex libris Pierre-Michon Bourdelot, postea Reginae Christinae. 'Vossianus tertius' Heynii.
   Hausm. n. 55; Thoms. n. 42; Butr. pp. 105 s; 238 s.
Lipsiensis (Leipzig), Stadtbibl. I. 8. 85 b, s. XV.
   Hausm. n. 56.
Londiniensis, Apsley House, Duke of Wellington, c. a. 1470. Ex libr. 'Collegii Maionis Cuencae'.
   Hausm. n. 57; Butr. pp. 331 s.
Londiniensis, Brit. Libr. Add. 11.674, s. XV (post a. 1450). Fort. ex libr. Piccolomini.
   Hausm. n. 58; Thoms. n. 45.
Londiniensis, Brit. Libr. Add. 11.962, s. XV.
   Hausm. n. 59.
Londiniensis, Brit. Libr. Add. 11.963, s. XV.
   Hausm. n. 60.
Londiniensis, Brit. Libr. Add. 21.908, s. XV.
   Hausm. n. 61.
Londiniensis, Brit. Libr. Burney 218, s. XV.
   Hausm. n. 62.
Londiniensis, Brit. Libr. Burney 268, s. XV. A Statio adhibitus, ut vid.

Hausm. n. 63.
Londiniensis, Brit. Libr., Harley 2573, s. XV.
Hausm. n. 64.
Londiniensis, Brit. Libr. Harley 2574, c. a. 1460. 'Harleianus' Burmanni. L in consp. sigl.
Hausm. n. 65; Thoms. n. 49; Butr. pp. 114, 132–5, 248–56.
Londiniensis, Brit. Libr. Harley 4059, s. XV.
Hausm. n. 66.
Londiniensis, Brit. Libr. Harley 5209, s. XV.
Hausm. n. 67.
Londiniensis, Brit. Libr. Egerton 3027, a. 1467 a Pacifico Maximo (i. e. Pacifico Massimi) Irenaeo Asculano scr. 'Cuiacianus recentior' Scaligeri.
Hausm. n. 68 (cf. n. 110); Thoms. n. 52; Butr. pp. 87s; 149s; 246s.
Londiniensis, Lincoln's Inn, a. 1451. Ex libr. Walter Ashburner.
Loverianus (Lovere), Municipio (?), s. XV. Ex libr. Comitis Luigi Tadini.
Hausm. n. 69.
Mediolanensis (Milano), Bibl. Ambros. D 49 sup., s. XV.
Mediolanensis, Bibl. Ambros, E 41 sup., s. XV.
Mediolanensis, Bibl. Ambros. G 10 sup., s. XV. Ex libris Domenico Grimani.
Hausm. n. 71; Thoms. n. 55.
Mediolanensis, Bibl. Ambros. H 46 sup., s. XV (post a. 1450). Ex libr. Pinelli.
Hausm. n. 72; Thoms. n. 56; Butr. pp. 138; 146–8; 260s.
Mediolanensis, Bibl. Ambros. I 67 sup., s. XV (post a. 1470).
Hausm. n. 73; Thoms. n. 57; Butr. pp. 63s; 145–8; 261s.
Mediolanensis, Bibl. Ambros. R 26 sup., a. 1374 vel 1375 scr. Vide praef. pp. V, n.l; VIs. A in consp. sigl.
Hausm. n. 74.
Mediolanensis, Bibl. Trivulziana N 787, c. a. 1450–1465 a Francisco de Galvanis de Monte scr. Ex libr. Novello Ma-

latesta.
Hausm. n. 75.
Mediolanensis, Archivio di Stato, s. XV.
Hausm. n. 76.
Mediolanensis Braidensis, Bibl. Nazionale di Brera AD XII. 37 No. 2, a. 1450.
Hausm. n. 77; Thoms. n. 59.
Messanensis (Messina), Monast. S. Placido, a. 1435 a Bonacursio de Raveriis de Pensauro scr. Hodie deperditus, ut vid.
Hausm. n. 70.
Monacensis (München), Bayer. Staatsbibl. Clm 14.486, s. XV. M in consp. sigl.
Hausm. n. 80; Munari, ed. Ovid. Amor.^{2}, a. 1952, n.38.
Monacensis, Bayer. Staatsbibl. Clm 23.702, s. XV/XVI.
Hausm. n. 81.
Monacensis, Universitätsbibl. Cim 22 (8°291), c. a. 1460–1479, fort. a Iacobo Bracciolini scr.
Hausm. n. 82; Butr. pp. 67–95; 266 s.
Monacensis, Universitätsbibl. 29110 a, s. XV.
Montensis (Mons), Bibl. Municipale 218/109, c. a. 1460–1479.
Hausm. n. 79; Thoms. n. 60; Butr. pp. 136; 266.
Mutinensis (Modena), Bibl. Estense Lat. 97 (α P.9.30), s. XV.
Hausm. n. 78.
Neapolitanus (Napoli), Bibl. governativa dei Gerolamini, C.P. III.15, a. 1484 ab Antonio Sinibaldi scr.
Hausm. n. 83; Thoms. n. 63; Butr. pp. 56–8; 165; 272 s.
Neapolitanus, Bibl. Nazionale IV.F.19 (267), post a. 1450. Ex libr. Auli Iani Parrhasii.
Hausm. n. 84; Thoms. n. 64; Butr. pp. 89 s; 111–4; 117 s; 267–70.
Neapolitanus, Bibl. Nazionale IV.F.20 (268), c. a. 1460–1470 a Philippo Corsino scr. 'Farnesianus' Lipsii, ut vid.
Hausm. n. 85; Butr. pp. 56–8; 270 s.
Oxoniensis, Bodl. Libr. lat. class. d.5 (30059), a. 1421, ut vid.,

ab Oddone Macolino scr. Ex libr. Pauli Ramusii.
Hausm. n. 87.
Oxoniensis, Bodl. Libr. lat. class. e.3 (30060), s. XV (post a. 1460)
Hausm. n. 88; Thoms. n. 69; Butr. pp. 143–8; 276.
Oxoniensis, Bodl. Libr. lat. class. e.17 (32555), a. 1453. 'Conegliani mei Francisci Crobati Veneti', postea Phillippicus 9591.
Hausm. n. 89; Thoms. n. 71.
Oxoniensis, Bodl. Libr. Canon. lat. 33, c. a. 1450 vel paulo post.
Hausm. n. 90; Thoms. n. 73.
Oxoniensis, Bodl. Libr. Canon. lat. 34, s. XV (post a. 1460)
Hausm. n. 91; Thoms. n. 74.
Oxoniensis, Bodl. Libr. Canon. lat. 126, s. XV. Ex libr. Dionysii Zanchii Bergomatis.
Hausm. n. 92.
Oxoniensis, Bodl. Libr. Laud. lat. 77, a. 1460 a Nicolao de Bandis scr. 'Codex Anglicus A' ap. Broukhus.
Hausm. n. 93.
Oxoniensis, Bodl. Libr. Laud. lat. 78, a. 1460, ut vid.
Hausm. n. 94; Thoms. n. 75.
Oxoniensis, Bodl. Libr. D'Orville 162 Auct. X.1.5.15 (17040), s. XV. A Nicolao Heinsio adhibitus.
Hausm. n. 95.
Oxoniensis, Bodl. Libr. D'Orville 163 Auct. X.1.5.16 (17041), s. XV.
Hausm. n. 96.
Oxoniensis, Bodl. Libr. D'Orville 164 Auct. X.1.5.17 (17042), s. XV.
Hausm. n. 97.
Oxoniensis, Bodl. Libr. D'Orville 165 Auct. X.1.5.18 (17043), s. XV.
Hausm. n. 98.
Oxoniensis, Bodl. Libr. D'Orville 166 Auct. X.1.5.19 (17044), 'ex antiquissimo manuscripto' (fol. iii[r]) ante a.

1453, ut vid.
Hausm. n. 99.
Oxoniensis, Bodl. Libr. D'Orville 167 Auct. X.1.5.20 (17045), c. a. 1480. Ex libr. Lancino Curzio.
Hausm. n. 100.
Panormitanus (Palermo), Bibl. Comunale 2 Q.q.E.10, post a. 1459 a 'Ioanne Aspero' (i. e. J. Scharp) scr.
Hausm. n. 102; Thoms. n. 77.
Panormitanus, Bibl. Nazionale, Fondo Monreale 17, s. XV (c. a. 1464)
Hausm. n. 103 (cf. n. 34).
Codex 'Papa', s. XV (post a. 1481), hodie deperditus, ut vid.
Hausm. n. 104.
Parisinus, Bibl. Nat. lat. 7989, a. 1423. 'Codex Traguriensis', ex libr. Polantonio Cipico. B in consp. sigl.
Hausm. n. 105; Thoms. n. 78; Butr. pp. 37–54; 121 s; 278 s.
Parisinus, Bibl. Nat. lat. 7990, post a. 1475, ex libr. Cardinalis Ridolfi.
Hausm. n. 106; Thoms. n. 79; Butr. pp. 165; 169; 279 s.
Parisinus, Bibl. Nat. lat. 8018, a. 1464 vel 1465. Ex libr. Ioh. Remstzle.
Hausm. n. 107.
Parisinus, Bibl. Nat. lat. 8233, a. 1464 vel 1465 a Gherardo del Ciriagio scr. 'Memmianus' editorum.
Hausm. n. 108 (cf. n. 30); Thoms. n. 183; Butr. pp. 67–95; 158; 280 s.
Parisinus, Bibl. Nat. lat. 8234, c. a. 1450. 'Colbertinus' editorum.
Hausm. n. 109; Thoms. n. 84.
Parisinus, Bibl. Nat. lat. 8236, c. a. 1500. Olim 'Faurianus 148', postea 'Regius 6151'.
Hausm. n. 110 (cf. n. 68); Thoms. n. 85; Butr. pp. 128; 160; 282.
Parisinus, Bibl. Nat. lat. 8458, post a. 1474. Olim 'Baluzianus', idemque 'Commelinianus' Gebhardi et Broukhusii.
Hausm. n. 111; Thoms. n. 86; Butr. pp. 118 s; 158; 283–5.

Parisinus, Bibl. Nat. lat. 8459, s. XV/XVI. 'Thuaneum' appellavit Lenz, sed videtur esse 'Colbertinus secundus' editorum.
Hausm. n. 112; Butr. pp. 104; 151; 153; 166; 285.
Parisinus, Bibl. Nat. lat. 11.313, a. 1466 a Gyaymo Piperinensi scr.
Hausm. n. 113.
Parisinus, Bibl. Nat. lat. 16.708, s. XV in., ut vid.
Parmensis (Parma), Bibl. Palat. HH 5.47 (716), a. 1471 a Bernardo Prato Parmensi scr.
Hausm. n. 114; Thoms. n. 88; Butr. pp. 107–10; 286s.
Parmensis, Bibl. Palat. HH 9.9 (140), s. XV.
Perusinus (Perugia), Bibl. Comunale Augusta 496 (F. V. G. 85), s. XV.
Hausm. n. 115.
Perusinus, Bibl. Comunale Augusta 578 (F. V. H. 63), s. XV. Cum fragmentis commentarii.
Hausm. 117.
Perusinus, Bibl. Comunale Augusta 669 (F. V. I. 64), post a. 1458.
Hausm. n. 116.
Petriburgensis (Petersburg), Bibl. Publ. Saltykov-Shchedrin, Cl. lat. Q. 12, a. 1463 a Mariano de Magistis scr.
Hausm. p. 621; Butr. pp. 112–4; 242.
Phillippicus 4432 deperditus.
Housm. p. 621.
Phillippicus 6433 deperditus.
Hausm. p. 621; Thoms. n. 129; Butr. pp. 333s.
Pisaurensis (Pesaro), Bibl. Oliveriana 1167 (olim 1217), a. 1470 vel 1471 a Francisco Fucci Tifernato scr.
Hausm. n. 118; Thoms. n. 90; Butr. pp. 107–10; 287.
Placentiensis (Piacenza), Bibl. Comunale 5 (Land. 185), s. XV.
Hausm. n. 119.
Poppiensis (Poppi), Bibl. Comunale Rilliana 54, a. 1472 a 'Gasparo in domo Ludovici Doti' scr.
Hausm. n. 120; Thoms. pp. 41s; Butr. pp. 103s; 157; 287s.

Princetonensis, (Princeton, NJ) Univ. Libr. 46, s. XV.
  Hausm. n. 121.
Ravennas, Bibl. Classense 277, a. 1459 a Battista di Spello scr.
  Cum notis a Niccolò Volpe scriptis ad 1,1.
  Hausm. n. 122; Butr. pp. 87s; 150; 288–90.
Romanus, Bibl. Casanatense 15 (A.V.50), c. a. 1470 a Pomponio Leto, ut. vid., scr.
  Hausm. n. 123; Thoms. n. 91; Butr. pp. 67–95; 291s.
Romanus, Bibl. Casanatense 3227 (A.III.2), c. a. 1460 vel 1470 a Francisco Matturanzio, ut vid., scr.
  Hausm. n. 124; Butr. pp. 110; 152s; 292s.
Romanus, Bibl. Corsiniana (Acc. dei Lincei) 43.D.20, s. XVI. Ex libr. 'Senatus (?) Baldazzinus. 1502 (?)'.
  Hausm. n. 125; Thoms. n. 92.
Romanus, Bibl. Vallicelliana B. 61 (F. 93), s. XV.
  Butr. pp. 143–8; 293s.
Senensis (Siena), Bibl. Comunale J.IX.8, s. XV.
  Hausm. n. 127.
Tomacellianus, c. a. 1440 vel 1445 a 'Lutio' scr.
  Butr. pp. 105–10; 332.
Tubingensis, Universitätsbibl. M^{c}104, s. XV (post a. 1450) ab Heinrico Koch de Sch ... scr.
  Hausm. n. 129; Thoms. n. 96.
Upsaliensis, Bibl. Univ. C 391, a. 1463. 'Codex Ioannis Schefferi' ab Heinsio laudatus. U in consp. sigl.
  Hausm. n. 130.
Vaticanus, Bibl. Apost. Barb. lat. 34 (2508), s. XV. Cum commentario.
  Hausm. n. 131; Thoms. n. 98; Butr. pp. 134–8; 169; 299 s.
Vaticanus, Bibl. Apost. Capponianus 196, s. XV.
  Hausm. n. 147; Butr. pp. 96–100; 301.
Vaticanus, Bibl. Apost. Chisianus H.IV.121, c. a. 1467 Romae a Guidone Bonatti Mantuano scr.
  Hausm. n. 145; Thoms. n. 107; Butr. p. 303.
Vaticanus, Bibl. Apost. Chisianus H.IV.131, s. XV.
  Hausm. n. 146.

Vaticanus, Bibl. Apost. Corsin. 43 D.20, a. 1500, ut vid.
Thoms. n. 92.
Vaticanus, Bibl. Apost. Ottobonianus lat. 1202, a. 1426 a Lysandro Aurispa scr.
Hausm. n. 132.
Vaticanus, Bibl. Apost. Ottobonianus lat. 1223, a. 1453.
Hausm. n. 133.
Vaticanus, Bibl. Apost. Ottobonianus lat. 1345, s. XV.
Hausm. n. 134.
Vaticanus, Bibl. Apost. Ottobonianus lat. 1369, s. XV. 'Codex Marcelli Cervini' ap. Statium.
Hausm. n. 135.
Vaticanus, Bibl. Apost. Ottobonianus lat. 1527, post a. 1487.
Hausm. n. 136.
Vaticanus, Bibl. Apost. Ottobonianus lat. 2126, a. 1479, cum comment. Bernardini Cyllenii.
Hausm. n. 137.
Vaticanus, Bibl. Apost. Ottobonianus lat. 2857, s. XV. Ex libr. Fulvii Ursini, ut vid.
Hausm. n. 138.
Vaticanus, Bibl. Apost. Pal. lat. 910, a. 1467. 'Palatinus primus' Gebhardi. P in consp. sigl.
Hausm. n. 139; Thoms. n. 103; Butr. pp. 98–100; 306 s.
Vaticanus, Bibl. Apost. Pal. lat. 1594, s. XV. Ex libr. Giannozzo Manetti.
Hausm. n. 140 (cf. n. 142).
Vaticanus, Bibl. Apost. Pal. lat. 1650, s. XV. Ex libr. Alexandri de Bassis.
Hausm. n. 141.
Vaticanus, Bibl. Apost. Pal. lat. 1652, c. a. 1445–1460 a Giannozzo et Agnolo Manetti scr. 'Palatinus secundus' Gebhardi.
Hausm. n. 142 (cf. n. 140); Thoms. n. 104; Butr. pp. 107–10; 143–8; 307 s.
Vaticanus, Bibl. Apost. Pal. lat. 1707, s. XV. Cum commentario.

Hausm. n. 143.
Vaticanus, Bibl. Apost. Reg. lat. 1732 (olim 2120), s. XV.
Vaticanus, Bibl. Apost. Reg. lat. 1854, s. XV.
Hausm. n. 149.
Vaticanus, Bibl. Apost. Ross. 335 (IX.25), s. XV. A Ludo ... Sa ... scr.
Hausm. n. 148.
Vaticanus, Bibl. Apost. lat. 1609, s. XV (post a. 1460). Ex lib. Vianisio de Albergatis. 'Vaticanus' Statii, ut vid.
Hausm. n. 150.
Vaticanus, Bibl. Apost. lat. 1610, s. XV. A Lipsio et Statio adhibitus, ut vid.
Hausm. n. 151.
Vaticanus, Bibl. Apost. lat. 1611, c. a. 1470. 'Liber Colotii' (i.e. Angelo Colocci), ut vid.
Hausm n. 152.
Vaticanus, Bibl. Apost. lat. 2794, s. XV (fort. a. 1434).
Hausm. n. 153.
Vaticanus, Bibl. Apost. lat. 3175, s. XV ex.
Vaticanus, Bibl. Apost. lat. 3270, c. a. 1420. Cf. praef. p. VIII, V in consp. sigl.
Hausm. p. 154.
Vaticanus, Bibl. Apost. lat. 3271, post a. 1443.
Hausm. n. 155.
Vaticanus, Bibl. Apost. lat. 3272, c. a. 1470 a Paolo Emilio Buccabella, ut vid., scr. Ex libr. Marco Antonio Altieri. 'Ursini codex' in notis Lipsii.
Hausm. n. 156 (cf. n. 27); p. 621; Thoms. n. 111; Butr. pp. 103; 169; 311 s.
Vaticanus, Bibl. Apost. lat. 3291, s. XV (post a. 1470).
Hausm. n. 157; Thoms. n. 112.
Vaticanus, Bibl. Apost. lat. 6875, s. XV.
Hausm. n. 158.
Vaticanus, Bibl. Apost. lat. 7676, c. a. 1470
Hausm. n. 159.
Vaticanus, Bibl. Apost. lat. 11.425, s. XV ex. Ex libr. Collegii

Jesuitarum Romae.
Hausm. n. 160; Thoms. n. 114.
Venetus, Bibl. Nazionale Marciana lat. 12.2 (4435), s. XV.
Hausm. n. 161.
Venetus, Bibl. Nazionale Marciana lat. 12.81 (4649), c. a. 1460–1470.
Hausm. n. 162; Thoms. n. 116.
Venetus , Bibl. Nazionale Marciana lat. 12.93 (4171), s. XV.
Hausm. n. 163.
Venetus, Bibl. Nazionale Marciana lat. 12.153 (4453), c. a. 1460–1470.
Hausm. n. 164; Thoms. n. 118.
Venetus, Museo Civico Correr 549 (VI.117), s. XV (post a. 1450).
Hausm. n. 165; Thoms. n. 121; Butr. pp. 143–8; 318 s.
Vicetinus (Vicenza), Bibl. Comunale Bertoliana G.2.8.12 (216), olim G. 19.2.3, a. 1460 a Bartolomeo San Vito in usum Marcantonio Morosini scr.
Hausm. n. 166; Thoms. n. 122; Butr. pp. 98; 135 ss; 319 s.
Vindobonensis (Wien), Oesterr. Nationalbibl. Lat. 224, c. a. 1450–1470 scr. Ex libr. Regis Matthiae Corvini. W in consp. sig.
Hausm. n. 168; Thoms. n. 123; Butr. pp. 140 s; 320 s.
Vindobonensis, Oesterr. Nationalbibl. Lat. 3114, a. 1481.
Hausm. n. 169.
Vindobonensis, Oesterr. Nationalbibl. Lat. 3198, c. a. 1470.
Hausm. n. 170; Thoms. n. 124.
Washingtonensis (Washington, DC), Folger Shakespeare Libr. SM.5, s. XVI. Ex libr. Matthaei de Bassesio.
Hausm. n. 167.
Wittianus Broukhusii deperditus. C in consp. sigl.
Yalensis (New Haven, CT), Yale Univ. Libr. 186, s. XV.
Hausm. n. 86.
Zaragozensis (Zaragoza), Bibl. del Seminario de San Carlos A 5 9 (9377), a. 1469 scr. a 'Iacobutio'.
Butr. pp. 106; 107–10; 330 s.

Zviccaviensis (Zwickau) primus, s. XV. Contulit Goerenz in usum Wunderlich (ed. Heyne-W., a. 1817).
Zviccaviensis secundus, s. XV. Contulit Goerenz in usum Wunderlich (ed. Heyne-W., a. 1817).

De excerptis medio aevo confectis

Haec excerpta quae ad textum recensendum non minimi momenti sunt in quattuor corporibus praecipuis, ut ita dicam, exstant:

1. Florilegium Gallicum, quod vocant, compilatum s. XII in civitate Aureliani, ut videtur, in plus minus 15 codicibus invenitur, sed excerpta ex Tibullo in plus minus 10 tantum tradita sunt. Vincentius Bellovacensis et J.J. Scaliger quae afferunt paucis mutatis ex hoc Florilegio hauserunt. Cf. Rosemary Burton, Classical Poets in the 'Florilegium Gallicum': *Lateinische Sprache und Literatur des Mittelalters* 14 (Bernae et Francofurt., 1983): L.D. Reynolds (ed.), *Texts and Transmission* (Oxon., 1983), 421–5 et passim (v. ind., p. 480, s.v.)
2. Excerpta Frisingensia in cod. Monacensi Clm 6292, s. XI vel XII. Cf. B. Munk Olsen, *RHT* 9 (1979), 119–20; *Texts and Transmission*, 241; 328; 329; 421
3. cod. Venetus Marcian. lat. Z. 497 (1811), s. XI ex. Cf. *Texts and Transmission*, 193, 221; 423
4. 'Flores moralium auctoritatum' in cod. Veronensi, Bibl. Capit. CLXVII, s. XIV prima parte. Cf. *Texts and Transmission*, 41; 205; 320; 328; 423.

Praetera vide ed. Lenz–Galinsky[3], 33 ss et praefationem meam, XI ss

De excerptis Italorum v. praefationem, XVII s. Cf. etiam J.L. Butrica, 'Pontanus, Puccius, Pochus, Petreius and Propertius': *Res Publ. Litterarum* 3 (1980), 5–9; *The Manuscript Tradition of Propertius*, passim.

CONSPECTUS SIGLORUM
(Corp. Tib. 1,1 – 4,14 = 3,20)

A = Mediolanensis, Bibl. Ambros. R 26 sup.
B = Parisin., Bibl. Nat. lat. 7990
C = Wittianus Broukhusii deperditus
Cui. = Londiniensis, Brit. Libr. Egerton 3027
D = Berolinensis, Deutsche Staatsbibl. Diez B. Sant. 39 b
E = Berolinensis, Deutsche Staatsbibl. Diez R. Sant. 21
F = Fragm. Cuiacianum Scaligeri deperditum
G = Guelferbytanus, Herzog-August-Bibl. 82,6 Aug. F°
H = Hamburgensis, Stadt- und Universitätsbibl. scrin. 139
I = Genuensis, Bibl. Civica Berio D bis 4.3.5
L = Londiniensis, Brit. Libr. Harley 2574
M = Monacensis, Bayer. Staatsbibl. Clm 14.486
P = Vaticanus, Bibl. Apostol. Pal. lat. 910
Q = Brixianus, Bibl. Civica Queriniana A VII.7
R = Bergomas, Bibl. Civica Angelo Mai Σ. II.33
S = Escorialensis, Real Bibl. S. III.22
U = Upsaliensis, Bibl. Univ. C 391
V = Vaticanus, Bibl. Apost. lat. 3270
W = Vindobonensis, Oesterr. Nationalbibl. Lat. 224
X = Bruxellensis, Bibl. Royale Albert Ier, 14.638
Y = Eboracensis Heinsii deperditus
Z = consensus coddicum A G V X
Z+ = consensus codd. A G V X cum multis
f = Florilegium Gallicum
r = Excerpta Frisingensia
v = Flores Veronenses

ALBII TIBULLI
LIBER PRIMUS

ELEGIA 1

Divitias alius fulvo sibi congerat auro
    Et teneat culti iugera multa soli,
Quem labor assiduus vicino terreat hoste
    Martia cui somnos classica pulsa fugent:
Me mea paupertas vitae traducat inerti,   5
    Dum meus assiduo luceat igne focus.
Ipse seram teneras maturo tempore vites
    Rusticus et facili grandia poma manu:
Nec Spes destituat, sed frugum semper acervos
    Praebeat et pleno pinguia musta lacu.   10
Nam veneror seu stipes habet desertus in agris
    Seu vetus in trivio florida serta lapis,

---

1. **1** congerat Z+ : conserat *Diomed. GLK I 484, 17* : conferat *Puccius* (cf. *Claud.* II *in Ruf. 134ss; Columb. cit. in praef.* IX, n. 15)   **2** multa rG, *Diomed., loc. cit.* : magna A G² V X+   **3** labor Z+ : pavor *Markland* terreat Z+ : exerceat *Musgrave* : deterat *Huschke dub.*   **5** : me ... vitae ... inerti AV X+ : me ... vita ... inerti rG mi ... vitam ... inertem *Slothouwer* (cf. *Culex 96s*) : me ... vitae ... inertis *Fruterius*   **6** assiduo rZ+, *Grammatici* (*Marius Victor. GLK VI 127, 7; Atil. Fort. GLK VI 264, 14; Ps.-Censor. GLK VI 612, 12; 616, 15*) : exiguo fG²   **10** pinguia Z+ : spumea *Heins.*   **11** desertus Z+ : desectus '*Palatinus quartus*' *Gebhardi*   **12** florida Z+ : florea M

Et quodcumque mihi pomum novus educat annus,
  Libatum agricolae ponitur ante deo.
Flava Ceres, tibi fit nostro de rure corona   15
  Spicea quae templi pendeat ante fores:
Pomosisque ruber custos donatur in hortis,
  Terreat ut saeva falce, Priapus, aves.
Vos quoque, felicis quondam, nunc pauperis agri
  Custodes, fertis munera vestra, Lares.   20
Tunc vitula innumeros lustrabat caesa iuvencos,
  Nunc agna exigui est hostia magna soli.
Agna cadet vobis, quam circum rustica pubes
  Clamet 'io messes et bona vina date'.
Iam mihi, iam possim contentus vivere parvo   25
  Nec semper longae deditus esse viae,
Sed Canis aestivos ortus vitare sub umbra
  Arboris ad rivos praetereuntis aquae.
Nec tamen interdum pudeat tenuisse bidentem
  Aut stimulo tardos increpuisse boves,   30
Non agnamve sinu pigeat fetumve capellae
  Desertum oblita matre referre domum.

     13 pomum Z+ : donum *L. Mueller*   **14** agricolae ... deo E, *Muretus* : -ae ... -os P : -am ... -um *cod. Angeli Colotii teste Statio* : -ae ... -um Z+ ... -as ... -os *Barth*   **15** fit *cod. Tadini s. XV, Lambinus et Fruterius* : sit Z+   **17** donatur *Lambinus et Fruterius et ex cod. Falcoburgensi Heins., ut vid* : ponatur Z+   **18** ut Z+ : et Q   **19** felicis G : -es AV X+ agri Z+ : horti *Dousa pater*   **20** vestra Z+ : nostra B   **22** magna *Scal. 'ex veteri membrana'* : digna L : parva Z+   **24** clamet G : -at AV X+   **25** iam mihi iam possim *Schneidewin* : i. modo i. possim r : i. m. i. possum *Guyet* : i. m. non possum Z+ : quippe ego iam possum f : iam possum modo non *Huschke*   **27** ortus Z+ : ictus *Bentl. (ad Hor. Sat. 1, 6, 126) dub.*   **28** rivos Z+ : -om *Baehr., Burman. Sec. secutus*   **29** bidentem G X+ : bidentes Q V² : ludentes AV

At vos exiguo pecori, furesque lupique,
 Parcite: de magno est praeda petenda grege.
Hinc ego pastorumque deum lustrare quotannis   35
 Et placidam soleo spargere lacte Palem.
Adsitis, divi, neu vos e paupere mensa
 Dona nec e puris spernite fictilibus.
Fictilia antiquus primum sibi fecit agrestis,
 Pocula de facili composuitque luto.   40
Non ego divitias patrum fructusque requiro
 Quos tulit antiquo condita messis avo:
Parva seges satis est, satis est requiescere lecto,
 Si licet, et solito membra levare toro.
Quam iuvat immites ventos audire cubantem   45
 Ed dominam tenero continuisse sinu,
Aut, gelidas hibernus aquas cum fuderit Auster,
 Securum somnos imbre iuvante sequi!
Hoc mihi contingat: sit dives iure, furorem
 Qui maris et tristes ferre potest pluvias.   50
O quantum est auri potius pereatque smaragdi
 Quam fleat ob nostras ulla puella vias.
Te bellare decet terra, Messalla, marique,
 Ut domus hostiles praeferat exuvias:

34 magno est ... grege Z+ : magno ... grege rL (*ut vid.*) : magno ... grege est D 35 hinc *Postg.* : hic Z+ : hunc *Dietrich* pastorumque deum *Passerat* : pastoremque meum Z+ 37 adsitis divi Z+ : vos quoque adeste dei f neu Z+ : nec f e f G V²X : et A V+ : de E 39s *sic dist. A. G. Lee* 41 fructusque Z+ : -ve f 43 satis est satis est Z+ : satis est uno f : satis est parvo Q lecto Z+ : tecto *Fruterius ex codd.* 44 si licet B, *Muretus* : scilicet Z+ solito Z+ : solo *Scal. ex exc. suis* 46 continuisse A G V+ : de- Q X 47 cum fuderit Z+ : cum effuderit D 48 imbre fG : igne Z+. *Cf. TlL VII 1, 294, 79; A. G. Lee, CR n.s. 16 (1966) 188* 49 sit fG : si A V X+ 50 ferre potest pluvias Z+ : nubila ferre potest f pluvias] Hyadas *Heins.* 51 potius pereatque E, *Bernensis, Livineius ex coni.* : pereat potiusque Z+ : pereat pereatque *Heins.* : pereat pereantque *Statius* 54 (h)ostiles G V² : exiles A V X+

Me retinent vinctum formosae vincla puellae, 55
 Et sedeo duras ianitor ante fores.
Non ego laudari curo: mea Delia, tecum
 Dum modo sim, quaeso segnis inersque vocer.
Te spectem, suprema mihi cum venerit hora,
 Te teneam moriens deficiente manu. 60
Flebis et arsuro positum me, Delia, lecto,
 Tristibus et lacrimis oscula mixta dabis.
Flebis: non tua sunt duro praecordia ferro
 Vincta, neque in tenero stat tibi corde silex.
Illo non iuvenis poterit de funere quisquam 65
 Lumina, non virgo, sicca referre domum.
Tu Manes ne laede meos, sed parce solutis
 Crinibus et teneris, Delia, parce genis.
Interea, dum fata sinunt, iungamus amores:
 Iam veniet tenebris Mors adoperta caput, 70
Iam subrepet iners aetas, nec amare decebit,
 Dicere nec cano blanditias capite.
Nunc levis est tractanda Venus, dum frangere postes
 Non pudet et rixas inseruisse iuvat.
Hic ego dux milesque bonus: vos, signa tubaeque, 75
 Ite procul, cupidis vulnera ferte viris,
Ferte et opes: ego composito securus acervo
 Dites despiciam despiciamque famem.

55 retinent Z+ : retinet *unus Broukhusii* vinctum Z+ : victum *Voss. 3, L. Mueller* captum *Postg. dub., W.S. Watt* vincla Z+ : cura *unus Broukhusii*   56 sedeo Z+ : sedeo ut *Heins.*   57 curo A V X+ : cupio G H   59 s te ... te B : et ... et Z+   61 me] mea *Beck*   62 dabis? *dist. Leo*   63 duro G V²+ : -a A V X   64 vincta r G V (*i.m.*) : iuncta A G²V X+ neque r : nec Z+   66 non Z+ : nec H   67 tu Z+ : tum *Ambros. G 10 sup., saec. XV, Haupt ex coni.* (*cf. edd. ad Prop. 2, 24, 35 s*)   71 nec f r : neque Z+ decebit Z+ : licebit S, *Gebhardus*   72 capite Z+ : -i B   74 inseruisse Z+ : con- *Heyne ex Bernensi vel Upsal., ut vid.* : dum ser- *Wassenberg* (*sed cf. Liv. 35, 17, 2; TlL VII 1, 1875, 10*)   78 dites despiciam A V X+ : despiciam dites f G

ELEGIA 2

Adde merum vinoque novos compesce dolores,
    Occupet ut fessi lumina victa sopor,
Neu quisquam multo percussum tempora Baccho
    Excitet, infelix dum requiescit amor;
Nam posita est nostrae custodia saeva puellae,   5
    Clauditur et dura ianua firma sera.
Ianua difficilis dominae, te verberet imber,
    Te Iovis imperio fulmina missa petant.
Ianua, iam pateas uni mihi, victa querelis,
    Neu furtim verso cardine aperta sones;   10
Et mala siqua tibi dixit dementia nostra,
    Ignoscas: capiti sint precor illa meo.
Te meminisse decet, quae plurima voce peregi
    Supplice, cum posti florida serta darem.
Tu quoque ne timide custodes, Delia, falle;   15
    Audendum est: fortes adiuvat ipsa Venus.
Illa favet, seu quis iuvenis nova limina temptat,
    Seu reserat fixo dente puella fores:

2. **1** novos Z+ : graves *nonn. codd. Mureti, ed. Ald. a. 1515*   **3** percussum Z+ : -fusum Q   **4** amor Z+ : amans Q   **6** firma A V X+ : fulta G, *codd. Mureti et Statii (fort. ex Ov. Am. 1, 6, 28; Art. 2, 244)*   **7** dominae H, *ed. Ven. a. 1493* : -i Z+ : -is *dub. Postg.*   **8** missa Z+ : iusta *Bolte*   **10** neu Z+ : nec S, *ed. pr. mai. a. 1472*   **14** florida Z+ : florea *Broukhus. ex codd. Statii, e.g. Ambros. E 41 sup., saec. XV (cf. ad 1, 1, 12)* darem Z+ : dabam *liber Sfortiae ap. Stat.*   **16** deest in Colotii cod. et in ed. Ald. a. 1515   **17** seu quis iuvenis Z+ : seu quis iuvenum *'multi codd.' Statii* : iuvenis seu quis *Santen 'ex recc.'* : seu qui iuvenum (*'lege euphoniae'*) *L. Mueller* temptat Z+ : tentet *ed. pr. Bartol. a. 1472/73*   **18** reserat Z+ : -et *ed. pr. Bartol.*

Illa docet furtim molli derepere lecto,
   Illa pedem nullo ponere posse sono,   20
Illa viro coram nutus conferre loquaces
   Blandaque compositis abdere verba notis.
Nec docet hoc omnis, sed quos nec inertia tardat
   Nec vetat obscura surgere nocte timor.
En ego cum tenebris tota vagor anxius urbe,   25
   ....
Nec sinit occurrat quisquam, qui corpora ferro
   Vulneret aut rapta praemia veste petat.
Quisquis amore tenetur, eat tutusque sacerque
   Qualibet: insidias non timuisse decet.   30
Non mihi pigra nocent hibernae frigora noctis,
   Non mihi, cum multa decidit imber aqua.
Non labor hic laedit, reseret modo Delia postes
   Et vocet ad digiti me taciturna sonum.
Parcite luminibus, seu vir seu femina fias   35
   Obvia: celari vult sua furta Venus.

---

    19 furtim molli Z+ : m.f.r derepere r (*cf. Oudendorp. ad Apul. IV p. 249*) : -cedere Z+ : -scendere *Voss. 3, Dousa pater et Markl. ex coni.* (*cf. Ciris 209 s*)   **21** nutus A V X+ : vultus G (*cf. Mayor ad Iuv. 1, 57 add.*)   **22** abdere Z+ : addere H   **23** docet G (*ex corr.*) S, *ed. pr. mai. a.* 1472 : decet A V X+   **25** et   **27** sine intervallo coni. Z+ v. 26 omisso, lacunam unius v. exhibet cod. Foroiuliensis, varie finxerunt versum om. viri docti, e.g. securum (in) tenebris me facit ipsa (esse) Venus H I P X, *Aurispa teste Vat. lat. 2794, s. XV*: praesidio noctis sentio adesse deam *Thomas Seneca teste cod. Ferrarii* : ille deus certae dat mihi signa viae B, *nonn. codd. Mureti* : usque meum custos ad latus haeret Amor *Pontanus teste Puccio*   **28** petat Z+ : ferat *Broukhus., an ex cod.?*   **30** non Z+ : nec *Voss. 3, Heyne* decet Z+ : iuvat U²   **31** noctis Z+ : brumae H   **33** labor Z+ : calor *Tyrrell dub.*   **35** fias Q V² : fiat Z+ (*cf. 1, 6, 39; 2, 3, 33*) : fiet *ed. pr. mai. a.* 1472

Neu strepitu terrete pedum, neu quaerite nomen,
   Neu prope fulgenti lumina ferte face.
Siquis et imprudens aspexerit, occulat ille
   Perque deos omnes se meminisse neget: 40
Nam fuerit quicumque loquax, is sanguine natam,
   Is Venerem e rabido sentiet esse mari.
Nec tamen huic credet coniunx tuus, ut mihi verax
   Pollicita est magico saga ministerio.
Hanc ego de caelo ducentem sidera vidi,   45
   Fluminis haec rapidi carmine vertit iter,
Haec cantu finditque solum Manesque sepulcris
   Elicit et tepido devocat ossa rogo.
Iam tenet infernas magico stridore catervas,
   Iam iubet aspersas lacte referre pedem: 50
Cum libet, haec tristi depellit nubila caelo,
   Cum libet, aestivo convocat orbe nives.
Sola tenere malas Medeae dicitur herbas,
   Sola feros Hecatae perdomuisse canes.
Haec mihi composuit cantus, quis fallere posses: 55
   Ter cane, ter dictis despue carminibus.
Ille nihil poterit de nobis credere cuiquam,
   Non sibi, si in molli viderit ipse toro.

   37 ne AV (*ut vid*) X : neu G, *Muret.*   **42** rabido *exc. Puccii,* L. Mueller : rapido Z+; *cf.* 1, 9, 49; 3, 7, 72; 126, *Lachm. ad Lucr.* 4, 712; *Shackleton Bailey, Propert.* 202 s; *E.J. Kenney, CQ n.s.* 8 (1958) 66; 9 (1959) 248; *J.B. Hall ad Claudian., Rapt. Pros.* 2, 255   **46** fluminis AVX+ : fulminis G   vertit Z+ : sistit H   **49** tenet Z+ : ciet H   **52** aestivo ... orbe Z+ : aestivas ... ore G², *Broukhus. ex codd., Baehr.* (*cf.* 3, 7, 158 ss; *Ov. Am.* 1, 8, 9 s) convocat Z+ : pro- *Muretus 'ex veteribus', ed. Brix. a.* 1486   **53** herbas Z+ : artes *nonn. codd. Statii*   **54** hecate A+ : hecates GY (*ut vid.*) : echatę V X (*cf.* 1, 4, 68; 3, 4, 45; 7, 61; *Housm. ad Manil.* 4, 669)   **55** posses Z+ : -em Q   **56** despue Z+ : ex(s)- H Y

Tu tamen abstineas aliis: nam cetera cernet
    Omnia: de me uno sentiet ipse nihil.   60
Quid? credam? nempe haec eadem se dixit amores
    Cantibus aut herbis solvere posse meos,
Et me lustravit taedis, et nocte serena
    Concidit ad magicos hostia pulla deos.
Non ego, totus abesset amor, sed mutuus esset,   65
    Orabam, nec te posse carere velim.
Ferreus ille fuit, qui, te cum posset habere,
    Maluerit praedas stultus et arma sequi.
Ille licet Cilicum victas agat ante catervas,
    Ponat et in capto Martia castra solo,   70
Totus et argento contectus, totus et auro,
    Insideat celeri conspiciendus equo,
Ipse boves, mea sim tecum modo Delia, possim
    Iungere et in solo pascere monte pecus:
Et te dum liceat teneris retinere lacertis,   75
    Mollis et in dura sit mihi somnus humo.
Quid Tyrio recubare toro sine amore secundo
    Prodest, cum fletu nox vigilanda venit?
Nam neque tum plumae nec stragula picta soporem
    Nec sonitus placidae ducere possit aquae.   80

---

    60 ipse Z+ : ille C, *Guyet* : esse B   61 quid? credam? *edd. nonn.* : quid credam *vulgo* : quin credam *exc. Petrei, Baehr.*   66 orabam Z+ : optarem V² '*hic clauditur elegia*' *Scal.*   67 fuit Z+ : fuat *Scal.*   posset G : possit AVX+, *Scal.*   71 contectus totus *Schrader, Emend., p. 113* : contextus totus Z+ : totus contectus B (*cf. edd. ad Ovid. Met. 14, 345*)   73 mea sim tecum modo '*vetus liber*' *Statii, Scal. ex coni.* : mea si tecum modo Z+ : modo si tecum mea B : modo sim tecum mea *unus Statii* : mea sit mecum modo *Baehr.* possim Z+ : -em Q   74 in solo *Muretus ex codd., Scal. ex coni., ut vid.* : in solito Q²Y : insolito Z+   76 mollis et Z+ : mollis in G² in dura *Dousa fil. ex. sec. Vaticano Statii, ut vid.* : in nuda *Heins.* : inculta Z+   79 tum H : tunc AVX+ *cf. 2, 3, 71; Housm. ad Luc. I, 499* : nunc G   80 possit H, *Scal.* : -et Z+

Num Veneris magnae violavi numina verbo
  Et mea nunc poenas impia lingua luit?
Num feror incestus sedes adiisse deorum
  Sertaque de sanctis deripuisse focis?
Non ego, si merui, dubitem procumbere templis   85
  Et dare sacratis oscula liminibus,
Non ego tellurem genibus perrepere supplex
  Et miserum sancto tundere poste caput.
At tu, qui laetus rides mala nostra, caveto
  Mox tibi: non uni saeviet usque deus.   90
Vidi ego, qui iuvenum miseros lusisset amores,
  Post Veneris vinclis subdere colla senem,
Et sibi blanditias tremula componere voce
  Et manibus canas fingere velle comas:
Stare nec ante fores puduit caraeve puellae   95
  Ancillam medio detinuisse foro.
Hunc puer, hunc iuvenis turba circumterit arta,
  Despuit in molles et sibi quisque sinus.

81 magn(a)e G V (*ante corr.*) X+ : magni A : magno *Passerat ex codd., edd. vett.* (*cf. Prop. 3, 8, 12*) -vi A G V+ -it X   **82** et ... luit Z+ : ut ... luat '*vetus codex' Statii nunc* A (*ante corr.*) H X : num G V   **83** incestus Z+ : infestus *codd. nonn., ut vid.*   **84** deripuisse G (*ut vid.*), *Dousa ex codd., Turnebus ex coni.* : di- Z+ (*cf. edd. ad 1, 10, 60; Heins. ad Ovid. Met. 3, 52*) : e- *ed. Ven. a. 1491* **85s** *post* **87s** *transp. codd. Mureti, Statii, Gebhardi, ed. Brix. a. 1486*   **87** perrepere A V X+ : pro- G   **89** at tu qui laetus Z+ : at tu qui lentus *Broukhus.* : qui nimium laetus f (*cf. J. Préaux, Latomus 25, 1966, 589ss*) *post* caveto *dist. ed. Plant. a. 1569* **90** *post* tibi *dist. nonn. edd. ante Baehr.* non uni *exc. Petrei, ed. pr. mai. a. 1472* : non unus A G V+ : non vanus H X : et iratus f : non lenis *T. Faber* : non vacuus *Huschke* : nam durus *Rigler*   **91** iuvenum miseros Z+ : miseros iuvenum f : iuvenis miseros *Santen* : iuvenis seros *Jortin* lusisset Z+ : damnasset f   **97** circumterit Z+ : -stetit V² (*i.m.*) : -dedit f : -strepit *Scal. ex coni.* (*cf. Stat. Silv. 1, 2, 233s*) arta A G V+ : arcta P X

At mihi parce, Venus: semper tibi dedita servit
   Mens mea: quid messes uris acerba tuas?   100

ELEGIA 3

Ibitis Aegaeas sine me, Messalla, per undas,
   O utinam memores ipse cohorsque mei!
Me tenet ignotis aegrum Phaeacia terris:
   Abstineas avidas, Mors precor atra, manus.
Abstineas, Mors atra, precor: non hic mihi mater   5
   Quae legat in maestos ossa perusta sinus,
Non soror, Assyrios cineri quae dedat odores
   Et fleat effusis ante sepulcra comis,
Delia non usquam; quae me quam mitteret urbe,
   Dicitur ante omnes consuluisse deos.   10
Illa sacras puero sortes ter sustulit: illi
   Rettulit e trinis omina certa puer.
Cuncta dabant reditus: tamen est deterrita nunquam,
   Quin fleret nostras despueretque vias.

99 dedita A X+ : debita G V

3. 3 ignotis Z+ : ingratis *Cornelissen*   4 mors precor atra G²Q², *codd. Mureti et Broukhus.* : mors modo nigra Z+ : mors violenta Q   7 dedat Z+ : fundat *Broukhus.* : reddat *Heyne*   9 me quam *Dousa pater* : me cum A V X+ : cum me G (*cf. edd. ad 3, 13, 8; Cat. 66, 23*)   11 puero *L. Carrio ad Val. Flacc. 1, 231* : -i Z+   12 e trinis *Broukhus. aliique* : et trinis *Muret.* : (e) triviis Z+   omina A² (*i. ras.*) G X+, *Scal.* : omnia P V (*cf. Prop. 3, 4, 9; Liv. 37, 39, 5 ubi sine dubio* omina (omnia *codd.*) certa rettulit *legendum; TlL IX 2, 573, 70 ss*)   13 est deterrita numquam A : est deterrita nusquam G V X+ : haud deterrita frustra est *Puccius et Heins. ex codd.*   14 quin *ed. Ald. a. 1502* : cum Z+ despueretque *Haupt* : despiceretque Q : respiceretque Z+ : respueretque *L. Mueller ex cod.*

I 2.3

Ipse ego solator, cum iam mandata dedissem,   15
  Quaerebam tardas anxius usque moras.
Aut ego sum causatus aves aut omina dira,
  Saturni aut sacrum me tenuisse diem.
O quotiens ingressus iter mihi tristia dixi
  Offensum in porta signa dedisse pedem!   20
Audeat invito ne quis discedere Amore,
  Aut sciet egressum se prohibente deo.
Quid tua nunc Isis mihi, Delia, quid mihi prosunt
  Illa tua totiens aera repulsa manu,
Quidve, pie dum sacra colis, pureque lavaris   25
  Te (memini) puro secubuisse toro?
Nunc, dea, nunc succurre mihi (nam posse mederi
  Picta docet templis multa tabella tuis),
Ut mea votivas persolvens Delia noctes
  Ante sacras lino tecta fores sedeat   30
Bisque die resoluta comas tibi dicere laudes
  Insignis turba debeat in Pharia.

---

17 aut omina dira *Statius ex codd., Scal. ex coni.* : dant omina (omnia) dira Z+ : dare numina diras G² : aut omine diro *Baehr.* **18** Saturni aut G², *ed. Regiensis a. 1481* : Saturnive *vir doctus ap. Broukhus.* : Saturni Z+ sacrum *Alex. Syncliticus, E. Fraenkel* (*Glotta 8, 1917, 62 = Kl. Beitr. I 1964, 65*) : -am Z+ tenuisse Z+ : timuisse *nonn. codd. Statii*   **21** ne P X : neu A G V+   **22** sciet *Döring, Postg.* (*Journ. Philol. 26, 1899, 182*) : -at Z+   **23** Isis mihi Z+ : Isis tibi P, *ed. pr. a 1472*   **24** aera Z+ : sistra Y (*pro var. lect.*), *Muretus ex 'veteribus'*   **25** quidve Z+ : quodve *Postg. dub.* dum G X+ : deum A V   lavaris *Francken* : lavari Z+   memini *Francken Doering. secutus* : memini et Z+   **29** ut ... persolvens A V+ : ut ... persolvat *Vat. lat. 2794, a. 1434* : et ... persolvat V² (*i. mg.*) X : et ... persolvet G H   noctes *Vossiani 1, 2, 4, Scal. ex coni., ut vid.* (*cf. Prop. 2, 28, 62; Becker, Philol. 114, 1970, 234*) : voces Z+

At mihi contingat patrios celebrare Penates
  Reddereque antiquo menstrua tura Lari.
Quam bene Saturno vivebant rege prius quam 35
  Tethys in longas est patefacta vias!
Nondum caeruleas pinus contempserat undas
  Effusum ventis praebueratque sinum,
Nec vagus ignotis repetens compendia terris
  Presserat externa navita merce ratem. 40
Illo non validus subiit iuga tempore taurus,
  Non domito frenos ore momordit equus,
Non domus ulla fores habuit, non fixus in agris,
  Qui regeret certis finibus arva, lapis.
Ipsae mella dabant quercus, ultroque ferebant 45
  Obvia securis ubera lactis oves.
Non acies, non ira fuit, non bella, nec ensem
  Immiti saevus duxerat arte faber.
Nunc Iove sub domino caedes et vulnera semper,
  Nunc mare, nunc leti multa reperta via est. 50
Parce, Pater: timidum non me periuria terrent,
  Non dicta in sanctos impia verba deos.
Quod si fatales iam nunc explevimus annos,
  Fac lapis his scriptus stet super ossa notis:

33 at Z+ : aut Q : ac *Vaticanus unus Statii qui in extr. marg.* fac (*'non inscite' Scal.*): ut *ed. pr. Bartol.* celebrare Z+ : celerare *Baehr.*   34 menstrua Z+ : mascula B   36 Tethys *Markl.* : tellus Z+   37 contempserat Z+ : conscenderat G²   47 acies Z+ : rabies *Burmann.* : facinus *Baehr.*   49 et vulnera Z+ : nunc vulnera *Broukhus. ex. cod. Colotii, L. Mueller*   50 multa reperta via est *L. Mueller* : multa reperta via *Voss.* 5 : mille repente (reperte V) viae Z+ (*cf. edd. ad 2, 3, 44; Rutil. 1, 365* ferro vivendi prima reperta via est)   51 pater Z+ : precor D, *Markl. ex coni.*   52 *post hunc v. lac. ind. L. Mueller*   54 his scriptus *Dousa pater ex coni., Fruterius et Livineius ex cod.* (*cf. Quint. Inst. Or. 4, 5, 22; Rutil 2, 10*) : inscriptus *nonn.* 'antiqui' *Mureti* : inscriptis Z+

'Hic iacet immiti consumptus morte Tibullus, 55
  Messallam terra dum sequiturque mari.'
Sed me, quod facilis tenero sum semper Amori,
  Ipsa Venus campos ducet in Elysios.
Hic choreae cantusque vigent, passimque vagantes
  Dulce sonant tenui gutture carmen aves, 60
Fert casiam non culta seges, totosque per agros
  Floret odoratis terra benigna rosis:
Hic iuvenum series teneris immixta puellis
  Ludit, et assidue proelia miscet Amor.
Illic est, cuicumque rapax Mors venit amanti, 65
  Et gerit insigni myrtea serta coma.
At scelerata iacet sedes in nocte profunda
  Abdita, quam circum flumina nigra sonant:
Tisiphoneque implexa feros pro crinibus angues
  Saevit, et huc illuc impia turba fugit: 70
Tum niger intorto serpentum Cerberus ore
  Stridet et aeratas excubat ante fores.
Illic Iunonem temptare Ixionis ausi
  Versantur celeri noxia membra rota,
Porrectusque novem Tityos per iugera terrae 75
  Assiduas atro viscere pascit aves.

    55 morte Z+ : amore Q   58 ducet] -at *Hartung* in Z+ : ad H   63 hic *Broukhus. ex libro Colotii* : hac B : ac Z+ at H   67 in Z+ : sub f   68 circum Z+ : circa f   69 Tisiphoneque *edd.* : Tesi- fX : Tesy- AV : Thesi- G   implexa '*Regius cum Corvino*' (*Heyne*), *Fruterius ex coni.* : impexa Z+ (*cf. edd. ad Verg. Georg.* 4, 482; *TlL VII* 1, 612, 6; 12; 15; 20) : innexa *Gebhardus* feros Z+ : ferox Q   71 tum f G V : tunc A X+   niger] vigil *Gruppe* intorto *Heins.* : in porta Z+ : in turba *Muretus ex codd.* : informi *Bach* : impuro *Jacobs* serpentum Z+ : serpens, tum *Scal.* : per centum (... ora) *Palmer*   72 stridet Z+ : -it H², *Statius ex coni.*   75 Tityos *Heins. ad. Ov. Met.* 4, 456s : titios X : titius G : ticios A : tycios V   76 viscere Z+ : sanguine *ed. pr. min. a.* 1472

Tantalus est illic, et circum stagna: sed acrem
　　Iam iam poturi deserit unda sitim,
Et Danai proles, Veneris quod numina laesit,
　　In cava Lethaeas dolia portat aquas.　　　　　　　　　80
Illic sit, quicumque meos violavit amores,
　　Optavit lentas et mihi militias.
At tu casta precor maneas, sanctique pudoris
　　Assideat custos sedula semper anus.
Haec tibi fabellas referat positaque lucerna　　　　　　　85
　　Deducat plena stamina longa colu,
At circa gravibus pensis affixa puella
　　Paulatim somno fessa remittat opus.
Tunc veniam subito, nec quisquam nuntiet ante,
　　Sed videar caelo missus adesse tibi.　　　　　　　　　90
Tunc mihi, qualis eris, longos turbata capillos,
　　Obvia nudato, Delia, curre pede.
Hoc precor; hunc illum nobis Aurora nitentem
　　Luciferum roseis candida portet equis.

ELEGIA 4

'Sic umbrosa tibi contingant tesqua, Priape,
　　Ne capiti soles, ne noceantque nives:
Quae tua formosos cepit sollertia? certe
　　Non tibi barba nitet, non tibi culta coma est,

---

　　83 at tu casta precor maneas Z+ : casta precor coniunx maneas f　　86 plena Z+ : -o H colu r : colo fZ+　　87 at fQ : ac Z+　　89 tunc Z+ : tum P　　91 tunc G V²X : nunc A+　　93 hoc ... hunc Z+ : hunc ... hunc *Statius et Gebhardus ex codd.* : nunc ... hunc *Palatinus unus*　　illum] utinam *Statius ex coni.* (*cf. Ov. Tr. 3, 5, 5; ex P. 1, 4, 57*) : olim *Schrader*

　　4. 1 tesqua *Dorville dub.* : tecta Z+　　2 noceantque Z+ : -ve G²

I 3.4

Nudus et hibernae producis frigora brumae, 5
   Nudus et aestivi tempora sicca Canis.'
Sic ego: tum Bacchi respondit rustica proles
   Armatus curva sic mihi falce deus.
'O fuge te tenerae puerorum credere turbae:
   Nam causam iusti semper amoris habent. 10
Hic placet, angustis quod equum compescit habenis:
   Hic placidam niveo pectore pellit aquam:
Hic, quia fortis adest audacia, cepit: at illi
   Virgineus teneras stat pudor ante genas.
Sed te ne capiant, primo si forte negarit, 15
   Taedia: paulatim sub iuga colla dabit.
Longa dies homini docuit parere leones,
   Longa dies molli saxa peredit aqua:
Annus in apricis maturat collibus uvas,
   Annus agit certa lucida signa vice. 20
Nec iurare time: Veneris periuria venti
   Irrita per terras et freta summa ferunt.
Gratia magna Iovi: vetuit Pater ipse valere,
   Iurasset cupide quicquid ineptus amor:
Perque suas impune sinit Dictynna sagittas 25
   Affirmes †crines† perque Minerva suos.

    5 frigora Z+ : tempora E   7 tum Z+ : tunc B : sic *nonn. codd. Mureti*   8 sic G V² (*i.m.*) X : sit AV+   9 o fuge te Z+ : o fugite r : o fugito *Housman*   11 angustis Z+ : artatis *Heins.*   12 hic placidam niveo Z+ : hic placet a niveo G² : hic placet ut niveo *Colotii lib., Baehr.* : hic facilem niveo *Markl.* : hic niveo placidam *Huschke*   13 hic Z+ : huic *ed. Rom. a 1475* : hunc *ed. pr. mai. a. 1472*   15 sed te ne BH, *Broukhus. ex cod. Sfortiae* : sed ne te Z+ : si ne te *Vahlen*   negarit E, *Heins. ex coni.* : -bit Z+   22 summa Z+ : longa Y   23 ipse Z+ : ille *Heins.*   25 sinit Z+ : -et EM, *Broukhus. ex Colbertino*   26 crines Z+ : clipeos *Santen* : cristas *Mitscherlich* : gryphes *Rigler; post hunc v. transposuit vv. 71–72 nescioquis*

At si tardueris, errabis: transilit aetas
   Quam cito! non segnis stat remanetque dies.
Quam cito purpureos deperdit terra colores,
   Quam cito formosas populus alba comas!   30
Quam iacet, infirmae venere ubi fata senectae,
   Qui prius Eleo est carcere missus equus!
Vidi iam, iuveni, premeret cum serior aetas,
   Maerentem stultos praeteriisse dies.
Crudeles divi! serpens novus exuit annos: 35
   Formae non ullam Fata dedere moram.
Solis aeterna est Baccho Phoeboque iuventa:
   Nam decet intonsus crinis utrumque deum.
Tu, puero quodcumque tuo temptare libebit,
   Cedas: obsequio plurima vincet amor.   40
Neu comes ire neges, quamvis via longa paretur
   Et Canis arenti torreat arva siti,
Quamvis praetexens picea ferrugine caelum
   Venturam admittat nubifer Eurus aquam:

---

27 tardueris *Lachm.* (*ad Lucr., p. 207*) : tardus eris Z+   errabis Z+ : maerebis *Tyrrell*   transilit *Heins. ex coni.* : transiit *Broukhus. ex codd.* : transiet Z+   **28** quam cito! *dist. Muretus*   stat Z+ : it *Scal. ex Colotii libro*   remanetque *Bodleianus unus* : remeatque Z+   **29** deperdit f G V²X+ : te perdit AV : disperdit Q   **30** alba Q : alta Z+   **32** qui prius Eleo est *Broukhus.* : qui prior Eleo est Z+ : victor ab Eleo *Heins.*   **33** vidi iam AV X+ : vidi ego iam G : vidi olim *Ritschl*   iuveni *Wakefield* : iuvenem Z+   serior G V X+ : segnior D   **36** formae non ullam Z+ : sed formae nullam f   **37** Baccho Phoeboque Z+ : Phoebo Bacchoque Q   iuventa P : iuventas Z+ : iuventus H (*cf. Serv. ad Verg. Aen. 1, 590; edd. ad Aen. 5, 398; Heins. ad Ov. Met. 4, 17*)   **38** nam Z+ : quam *Schrader*   **39** libebit AV X+ : -cebit G   **40** cedas *ed. Ven. a. 1475* : credas Z+   vincet Z+ : -it H   **41** neu Z+ : ne *Ritschl*   **43** praetexens Z+ : praetexat *Rigler*   picea W, *Bernens., Heins. ex codd.* : picta Z+   **44** admittat H V² (*pro v.l.*) : amiciat A X+ : annutiat G V : annutet G², *Puccius* : rapiat *Delz* : indicat *Baehr., Helm*   nubifer *nonn. codd.*

Vel si caeruleas puppi volet ire per undas, 45
   Ipse levem remo per freta pelle ratem.
Nec te paeniteat duros subiisse labores
   Aut operae insuetas atteruisse manus,
Nec, velit insidiis altas si claudere valles,
   Dum placeas, umeri retia ferre negent: 50
Si volet arma, levi temptabis ludere dextra;
   Saepe dabis nudum, vincat ut ille, latus.
Tum tibi mitis erit, rapias tum cara licebit
   Oscula: pugnabit, sed male rapta dabit.
Rapta dabit primo, mox auferet ipse roganti, 55
   Post etiam collo se implicuisse volet.
Heu male nunc artes miseras haec saecula tractant:
   Iam tener assuevit munera velle puer.
At tibi, qui Venerem docuisti vendere primus,
   Quisquis es, infelix urgeat ossa lapis. 60
Pieridas, pueri, doctos et amate poetas,
   Aurea nec superent munera Pieridas.
Carmine purpurea est Nisi coma: carmina ni sint,
   Ex humero Pelopis non nituisset ebur.
Quem referent Musae, vivet, dum robora tellus, 65
   Dum caelum stellas, dum vehet amnis aquas.

Heinsii : nimbifer G^2, *Heins. ex coni.* (*cf. Delz, MH 28, 1971, 49*) : imbrifer Z+   Eurus *Huschke ex Balbi Carm. 20* : arcus Z+   **48** oper(a)e Q, *Calphurnius ex cod.* : operi D : opera Z+   **50** umeri ... negent Z+ : umeri ... neges *ed. pr. Bartol. a. 1472/73*: umeris ... neges *Muret. ex codd. vel ex ed. Ven. a. 1475*   **53** tum G V^2 : tunc Z+   tibi G V^2 (*i.mg.*) : mihi Z+   tum^2 H V^2 : cum Z+ : tunc Q   **54** male rapta *Sandbach* : tibi rapta *Santen, Postg.* : tamen apta Z+   **55** mox G : post Z+   auferet (auff-) U (= *Upsaliensis, i.e. cod. Schefferi*) : offeret H : afferet Z+   roganti Z+ : volenti Q   **56** volet G V^2: velit A V X+   **59** at tibi *exc. Pocchi et Petrei* : at tua Q : iam tu Z+   **62** nec A^2 G V X+ : ne A H

At qui non audit Musas, qui vendit amorem,
  Idaeae currus ille sequatur Opis
Et tercentenas erroribus expleat urbes
  Et secet ad Phrygios vilia membra modos. 70
Blanditiis vult esse locum Venus: illa querelis
  Supplicibus, miseris fletibus illa favet.'
Haec mihi, quae canerem Titio, deus edidit ore:
  Sed Titium coniunx haec meminisse vetat.
Pareat ille suae: vos me celebrate magistrum, 75
  Quos male habet multa callidus arte puer.
Gloria cuique sua est: me, qui spernuntur, amantes
  Consultent: cunctis ianua nostra patet.
Tempus erit, cum me Veneris praecepta ferentem
  Deducat iuvenum sedula turba senem. 80
Eheu, quam Marathus lento me torret amore!
  Deficiunt artes deficiuntque doli.
Parce, puer, quaeso, ne turpis fabula fiam,
  Cum mea ridebunt vana magisteria.

71 illa *Heyne* : ipsa Z+   72 fletibus *ed. pr. mai. a. 1472, Statius* : flentibus Z+   73 titio G H, *Puccius* (*coll. Hor. Epist 1, 3, 9s*) : ticio A V X+ : tacio B   74 titium G : ticium Z+ : tacium B   77 spernuntur H : -entur Z+   79 ferentem Z+ : canentem D, *unus Mediceus Statii* : serentem *Heyne, Valckenar.*   80 deducat C : di- Z+ : se- Q senem Z+ : domum *Scal.*   81 eheu *Ritschl ex B* (*cf. 2, 3, 2; 5, 108; edd. ad Hor. Carm. 1, 15, 9; 35, 33; Ia. 15, 23; Camps ad Prop. 1, 7, 16*) : heu heu Z+   Marathus lento Z+ : lento M. *ed. pr. Barthol. a. 1472, edd. ante Lachm. fere omnes*   torret *Heyne* : torquet Z+ (*cf. Hor. Carm. 3, 19, 28*)

ELEGIA 5

Asper eram et bene discidium me ferre loquebar:
　At mihi nunc longe gloria fortis abest.
Namque agor, ut per plana citus sola verbere turben
　Quem celer assueta versat ab arte puer.
Ure ferum et torque, libeat ne dicere quicquam   5
　Magnificum posthac: horrida verba doma.
Parce tamen, per te furtivi foedera lecti,
　Per Venerem quaeso compositumque caput.
Ille ego, cum tristi morbo defessa iaceres,
　Te dicor votis eripuisse meis,   10
Ipseque ter circumlustravi sulphure vivo
　Carmine cum magico praecinuisset anus:
Ipse procuravi, ne possent laeva nocere
　Omina ter salsa deveneranda mola:
Ipse ego velatus lino tunicisque solutis   15
　Vota novem Triviae nocte silente dedi.

5. 1 discidium H : dissidium Z+   3 turben *Charis. GLK I 145, 8* : turbo Z+ (*cf. Serv. ad Verg. Aen. 7, 378*)   5 libeat ne Z+ : liceat ne *ed. Rom. a. 1475* : liceat nec *ed. Ven. a. 1488*   6 posthac D, *ed. pr. Bartol. a. 1472* : post h(a)ec Z+ (*cf. 3, 11, 16*)   7 per te G V² (*i. mg.*) : te per G² : parce AV X+   11 ipseque Z+ : ipse ego *Statius ex cod. Florentino* ter *ed. Ven. a. 1472* : te Z+   vivo *Broukhus., Heins.* (*ad Ovid. Fast. 4, 739*) : puro Z+   12 praecinuisset A G V+ : -timuisset IX : procubuisset *'vetus liber Sfortiae' teste Statio*   13 ipse procuravi Z+ : ipse ego curavi *cod. Florentinus Statii* laeva *Heins.* (*cf. Apul. Met. 1, 18; 4, 27; 10, 17; Apol. 92*) saeva Z+ : scaeva H   14 omina G (*pro v. l.*) : somnia Z+   salsa *Muret. ex ed. Ald. a. 1515* : sancta Z+   deveneranda Z+ : devenerata *Guyet ex codd., ut vid.* (*Postgate, Journ. Philol. 25, 1897, 50*)   15 lino G (*pro v. l.*), *Broukhus.* : filo Z+   16 triviae H, *Scal. 'ex vett. libris'* : creme A : chreme V X+ : circum G V² (*i. mg.*) : veneri *ed. Reg. a. 1481*

Omnia persolvi: fruitur nunc alter amore,
  Et precibus felix utitur ille meis.
At mihi felicem vitam, si salva fuisses,
  Fingebam demens, sed renuente deo.   20
'Rura colam, frugumque aderit mea Delia custos,
  Area dum messes sole calente teret,
Aut mihi servabit plenis in lintribus uvas
  Pressaque veloci candida musta pede,
Consuescet numerare pecus, consuescet amantis   25
  Garrulus in dominae ludere verna sinu.
Illa deo sciet agricolae pro vitibus uvam,
  Pro segete spicas, pro grege ferre dapem.
Illa regat cunctos, illi sint omnia curae:
  At iuvet in tota me nihil esse domo.   30
Huc veniet Messalla meus, cui dulcia poma
  Delia selectis detrahat arboribus,
Et, tantum venerata virum nunc sedula curet,
  Nunc paret atque epulas ipsa ministra ferat.'
Haec mihi fingebam quae nunc Eurusque Notusque   35
  Iactat odoratos vota per Armenios.
Saepe ego temptavi curas depellere vino,
  At dolor in lacrimas verterat omne merum.

20 sed Z+ : et *Santen*   23 aut Z+ : et *codd. nonn.* : haec *Muret. ex coni., ut vid.*   24 candida Z+ : pinguia E : condita C   27 vitibus AV²X+ : fructibus G V   28 segete G : segete et AV X+ : cerere et H   29 regat AV X+ : reget G   30 at iuvet *ed. Lips. a. 1500 (ut vid.)* : ac iuvet *Voss. 2, Gruppe ex coni.* : et iuvet V² (*i. mg.*), *ed. Ven. a. 1488* : adiuvet Z+   32 detrahat AV X+ : detrahet G   33 nunc ... curet *Guelferbyt. 3* : tunc ... curet W : nunc ... currat H : hunc ... curet Z+ : cui ... curet *Withof*   34 nunc paret *Guelferbyt. 3* : tunc paret W : huic paret Z+ : cui paret *Withof* ferat *Burman. Sec.* : gerat Z+   35 Eurusque Z+ : Caurusque *Scal. ex ed. Rom. a. 1475, ut vid.*

Saepe aliam tenui, sed iam cum gaudia adirem,
  Admonuit dominae deseruitque Venus. 40
Tunc me discedens devotum femina dixit,
  Ah pudet, et narrat scire nefanda meam.
Non facit hoc herbis, facie tenerisque lacertis
  Devovet et flavis nostra puella comis.
Talis ad Haemonium Nereis Pelea quondam 45
  Vecta est frenato caerula pisce Thetis.
Haec nocuere mihi quod adest nunc dives amator:
  Venit in exitium callida lena meum.
Sanguineas edat illa dapes atque ore cruento
  Tristia cum multo pocula felle bibat: 50
Hanc volitent animae circum sua fata querentes
  Semper et e tectis strix violenta canat:
Ipsa fame stimulante furens herbasque sepulcris
  Quaerat et a saevis ossa relicta lupis,
Currat et inguinibus nudis ululetque per urbem, 55
  Post agat e triviis aspera turba canum.
Evenient: dat signa deus: sunt numina amanti,
  Saevit et iniusta lege relicta Venus.

41 tunc Z+ : tum *codd. nonn.* discedens Z+ : descendens *ed. Ven. a. 1475*   **42** ah pudet et *L. Mueller* : et pudet et Z+ : et pudet heu *Scal. cf. Ovid. Her. 21, 47; Met. 14, 279* meam *Nodell, Not. crit., p. 72* : mea Z+   **43** herbis *Statius ex codd., ut vid.* : verbis Z+ (*cf. 1, 8, 17; Prop. 3, 6, 25*) tenerisque Z+ : niveisque Q   **45** Nereis *Puccius ex cod.* : nereisqu(a)e Z+   **46** pisce Z+ : priste *Gronov.* (*cf. edd. ad Hor. Art. p. 4*)   **47** quod adest Z+ : sed adest *Gruppe* : quodque est *Némethy* nunc *A. D. Lee* : huic Z+   **53** herbasque Z+ : escasque *Muretus*   **55** urbem *Castiglioni* : urbes Z+ : umbras H   **56** e Z+ : a *Scal. ex cod.* : hanc *ed. Rom. a. 1475*   **57** evenient *Heins. ex codd. Broukhus.* : eveniet Z+ : et venient B (*cf. 1, 6, 50; 7, 5; 8, 4; 2, 1, 25; 5, 11; 3, 4, 48; Heins. ad Ovid. Met. 3,524*)   **58** saevit et iniusta Z+ : desaevit iusta v

At tu quam primum sagae praecepta rapacis
  Desere: non donis vincitur omnis amor.   60
Pauper erit praesto semper, te pauper adibit
  Primus et in tenero fixus erit latere,
Pauper in angusto fidus comes agmine turbae
  Subiicietque manus efficietque viam,
Pauper †ad occultos furtim deducet amicos†   65
  Vinclaque de niveo detrahet ipse pede.
Heu canimus frustra, nec verbis victa patescit
  Ianua, sed plena est percutienda manu.
At tu, qui potior nunc es, mea furta caveto:
  Versatur celeri Fors levis orbe rotae.   70
Non frustra quidam iam nunc in limine perstat
  Sedulus et crebro prospicit ac refugit,
Et simulat transire domum, mox deinde recurrit
  Solus et ante ipsas excreat usque fores.
Nescio quid furtivus amor parat: utere quaeso,   75
  Dum licet: in liquida nat tibi linter aqua.

60 non *Colotii cod.*, '*veteres libri*' *Statii* : nam Z+ : num *Huschke amor* Z+ : amans E   61 praesto semper te f : praesto semper tibi *Muret.* : pr. tibi pr. Z+   65 ad occultos Z+ : ad excultos *codd. nonn. Statii* amicos Z+ : amictus G² : amores *Kraffert, versus nondum sanatus*   67 victa G V² (*i. mg.*) X+ : iuncta A V patescit Z+ : fatiscit *Statius* '*e vetere cod. Sfortiae*'   69 furta Z+ : fata *Muret.* caveto Y (*pro v. l.*) : timeto Z+   70 fors Z+ : sors W   orbe rotae f r Z+ : orbe rota P : orbe cito *Scal. ex codd.*   71 non A V X+ : nam G   72 et crebro *Haupt* : ac crebro Z+ : aut cr. Y   ac refugit Z+ : atque fugit *nonn. codd. Statii*   74 excreat Z+ : excubat E usque G : ipse A V X+   76 nat G V² (*i. mg.*) X : nam A V+ : nunc *Rossbach* (*cf. Lachm. ad Lucr. 4, 604; Nord. ad Verg. Aen. 6, 403*)

ELEGIA 6

Semper, ut inducas, blandos offers mihi vultus,
   Post tamen es misero tristis et asper, Amor.
Quid tibi saeve, rei mecum est? an gloria magna est
   Insidias homini composuisse deum?
Nam mihi tenduntur casses: iam Delia furtim   5
   Nescio quem tacita callida nocte fovet.
Illa quidem iurata negat, sed credere durum est:
   Sic etiam de me pernegat usque viro.
Ipse miser docui quo posset ludere pacto
   Custodes: eheu, nunc premor arte mea.   10
Fingere tunc didicit causas, ut sola cubaret,
   Cardine tunc tacito vertere posse fores,
Tunc sucos herbasque dedi, quis livor abiret,
   Quem facit impresso mutua dente Venus.
At tu, fallacis coniunx incaute puellae,   15
   Me quoque servato, peccet ut illa nihil,
Neu iuvenes celebret multo sermone, caveto,
   Neve cubet laxo pectus aperta sinu,
Neu te decipiat nutu, digitoque liquorem
   Ne trahat et mensae ducat in orbe notas.   20

6. **1** inducas *Scal. ex codd.* : -ar Z+   **3** saeve rei *Postg.* : saeve puer *Vossiani 1, 4, Muret ex codd.* : saevitiae Z+   **5** nam mihi A V X+ : iam̈m. G   **6** nocte Z+ : mente Q   **7** iurata *Heyne* (*cf. Ov. Tr. 2, 447s*) : iam multa *Scal.* : delicta *Santen* : mihi cuncta *Hiller* : tam multa Z+   **10** eheu *ed. Ald. a. 1515, Baehr.* (*cf. 2, 3, 2; 5, 108; Prop. 2, 24, 35 s*) : heu heu Z+   **11** tunc B : nunc Z+   ut Z+ : cur *ed. Ven. a. 1475*   **12** tunc A B : tum H : nunc G V X+   **13** tunc Z+ : tum H   **16** me quoque Z+ : te quoque *Baehr.* : nunc quoque *Riese* nihil Z+ : minus *Broukhus. ex codd.* (*cf. Ov. Trist. 2, 459s*)   **18** laxo G² (*ut vid.*) H : lasso A V X+ : lapso *Thuaneus*

Exibit cum saepe, time, etsi visere dicet
  Sacra Bonae maribus non adeunda Deae.
At, mihi si credas, illam sequar unus ad aras:
  Tunc mihi non oculis sit timuisse meis.
Saepe, velut gemmas eius signumve probarem,   25
  Per causam memini me tetigisse manum:
Saepe mero somnum peperi tibi, at ipse bibebam
  Sobria supposita pocula victor aqua.
Non ego te laesi prudens (ignosce fatenti):
  Iussit Amor: contra quis ferat arma deos?   30
Ille ego sum (nec me iam dicere vera pudebit),
  Instabat tota cui tua nocte canis.
Quid tenera tibi coniuge opus? tua si bona nescis
  Servare, heu, frustra clavis inset foribus.
Te tenet, absentes alios suspirat amores   35
  Et simulat subito condoluisse caput.
At mihi servandam credas: non saeva recuso
  Verbera, detrecto non ego vincla pedum.
Tum procul absitis, quisquis colit arte capillos,
  Et fluit effuso cui toga laxa sinu: 40

21 exibit Z+ : *fort. leg.* exierit (*cf. Hor. Sat.* 1, 2, 120; *Sen. Dial.* 9, 12, 4) cum *Statius ex* W, *ut vid.* : quam Z+ etsi *nescioquis* : seu Z+   22 *post hunc. v. dist, excidisse put.* L. *Mueller, Baehr.*   23 credas Z+ : cedas L. *Mueller*   aras Z+ : aram C, *Scal.*   24 tunc mihi non Z+ : nec mihi tunc *Rigler*   25 signumve *Broukhus. ex cod.* : -que Z+ (*cf. Ov. Tr.* 2, 451s)   29 *sic dist. ed.* Haupt–Vahlen *a.* 1885   30 ferat Z+ : -et *exc. Buxheim.*   32 instabat Z+ : latrabat *Baehr. ex Ov. Tr.* 2, 459   34 servare heu *Guelferbyt.* 4 *Heynii* : s. ah *ed. Reg. a.* 1481 : servare et *Guelferbyt.* 3 : servare Z+ (*de interi.* heu *et eius forma* é *vel* ę *cf. Camps ad Prop.* 1, 7, 11; 19, 22; 2, 12, 15; 22, 44; 4, 10, 27)   37 at Z+ : hanc G² credas Z+ : cedas L. *Mueller*   38 detrecto Z+ : -tracto B   39 tum D : tunc Z+ colit Z+ : colis *Guyet*   40 et fluit effuso H, *Burm. Sec. ex suis* : effluit effuso Z+ : effluit et fuso *Baehr. olim.* (*cf. Suet. Aug.* 73) laxa A G+ : lassa V X : lapsa *ed. pr. min. a* 1472

Quisquis et occurret, ne possit crimen habere,
  Stet procul, aut alia †stet procul† ante via.
Sic fieri iubet ipse deus, sic magna sacerdos
  Est mihi divino vaticinata sono
(Haec ubi Bellonae motu est agitata, nec acrem   45
  Flammam, non amens verbera torta timet:
Ipsa bipenne suos caedit violenta lacertos
  Sanguineque effuso spargit inulta deam,
Statque latus praefixa veru, stat saucia pectus,
  Et canit eventus, quos dea magna monet):   50
'Parcite, quam custodit Amor, violare puellam,
  Ne pigeat magno post didicisse malo.
Attigeris, labentur opes, ut vulnere nostro
  Sanguis, ut hic ventis diripiturque cinis.'
Et tibi nescio quas dixit, mea Delia, poenas: 55
  Si tamen admittas, sit precor illa levis.
Non ego te propter parco tibi, sed tua mater
  Me movet atque iras aurea vincit anus.

42 aut A V X+ : atque G, *exc. Pocchi* : ante *Statius   versum varie refinxerunt viri docti* stet procul aut alia stet procul ante via *Statius* : sit procul aut alia stet, precor, ille via *L. Mueller* : stet procul aut alia se occulat ante via *Buecheler* : stet procul aut alia se ferat ante via *S. Allen* s. p. a. a. transeat ille via *A. G. Lee, fort. recte* (*de repetitione inepta verborum in codd. Tibull v. ad 1, 5, 61; 3, 4, 66*)   45–50 *sic dist. Rossbach, ed. Teubn. a. 1859*   45 motu G V^2 : mota A V X+ : monitu H   46 amens R^{2}G^2, *Puccius, ed. Ald. a. 1515* : et amens R : et amans Z+   47 violenta G V^2 (*i. mg.*) : violata Z+   48 sanguineque Z+ : sanguine et B deam Z+ : -um P   49 praefixa Z+ : per- W   50 monet Z+ : movet P   52 didicisse] tetigisse *Broukh.*   53 attigeris *Voss. 5, Broukhus. ex codd., Auratus ex coni.* : -it Z+   55 tibi Z+ : mihi Q quas ... poenas Z+ : quam ... poenam *Baehr.*   56 illa A G V (*post corr.*) X+ : ille V : ira *Wagner*   58 movet Z+ : monet Y

Haec tibi me adducit tenebris multoque timore
   Coniungit nostras clam taciturna manus,   60
Haec foribusque manet noctu me affixa proculque
   Cognoscit strepitus me veniente pedum.
Vive diu mihi, dulcis anus: proprios ego tecum,
   Sit modo fas, annos contribuisse velim.
Te semper natamque tuam te propter amabo: 65
   Quicquid agit, sanguis est tamen illa tuus.
Sit modo casta, doce, quamvis non vitta ligatos
   Impediat crines nec stola longa pedes.
Et mihi sint durae leges, laudare nec ullam
   Possim ego, quin oculos appetat illa meos,   70
Et siquid peccasse puter, ducarque capillis
   in medias pronus proripiarque vias.
Non ego te pulsare velim, sed, venerit iste
   Si furor, optarim non habuisse manus.
Nec saevo sis casta metu, sed mente fideli: 75
   Mutuus absenti te mihi servet amor.

59 tibi me adducit *Pricaeus, Heyne dub.* : mihi te adducit Z+ mihi te adiungit *Gothanus* : me deducit B   **62** cognoscit Z+ : agnoscit H   **64** sit AV (*ex corr.*) G X+ : si V (*ante corr.*), *Guarnerianus* : sed H   modo Z+ : mihi D (*fort. ex Verg. Aen. 6, 266; cf. TlL VI 1, 288, 70ss*)   **66** agit Z+ : -at C, *Broukhus. ex codd.* illa Z+ : ille P   **69** et Z+ : at *Kraffert*   sint Z+ : sunt Y   **70** possim G², *Puccius* : possum Z+   **71** et si Z+ : ac si G² puter *Broukhus. ex codd.* : putor D : putet G²Q : putem H : putat Z+ ducarque G²Q : -orque X+ : -atque *ed. pr. min. a.* 1472 in medias *Rigler* : in medium *Postg. dub.* : inmerito Z+ pronus *Francken* : pronas G², *Fruterius ex coni.* : properans G : proprias AV X+ proripiarque G² (*ut vid.*) H : proripiatque Q, *Baehr. ex coni.* : proripiorque Z+   vias Z+ : manus H : foras *Palmer, Postg.*   **73** iste AV X+ : ipse G   **75** nec Z+ : ne f : non H   saevo] servo *Dousa pater*   sed Z+ : si D   **76** *post hunc v. aliquot vv. abesse arbitratus est Muret.* 'quibus exponeretur castae mulieres et uno viro contentae quas commoditates in senectute perciperent'; *sim. Postg.*

At quae fida fuit nulli, post victa senecta
  Ducit inops tremula stamina torta manu
Firmaque conductis adnectit licia telis
  Tractaque de niveo vellere ducta putat.   80
Hanc animo gaudente vident iuvenumque catervae
  Commemorant merito tot mala ferre senem,
Hanc Venus ex alto flentem sublimis Olympo
  Spectat et infidis quam sit acerba monet.
Haec aliis maledicta cadant: nos, Delia, amoris 85
  Exemplum cana simus uterque coma.

ELEGIA 7

Hunc cecinere diem Parcae fatalia nentes
  Stamina, non ulli dissoluenda deo;
Hunc fore, Aquitanas posset qui fundere gentes,
  Quem tremeret forti milite victus Atur.

Journ. Philol. 26, 1899, 183s   77 at A X+ : ast G V : nam *nonn. codd. Statii*   80 ducta putat Z+ : ducta parat *ed. Ven. a. 1491* : fila parat *Puccius, ed. Ald. a. 1515* : dente parat *cod. Colotii, exc. Petrei* : dente putat *Statius ex cod.* : texta parat *Broukhus. ex cod.* 84 quam V² (*i.mg.*), Puccius : quod Z+ : quae *ed. pr. mai. a. 1472* monet Z+ : canit H   86 simus Z+ : stemus E, *ed. pr. mai. a. 1472*

7. 1 hunc ... diem Z+ : hanc ... diem B : hunc ... ducem *Heins.* : hoc ... die (*et v. 3 cum Ayrmann* hoc fore) *Heyne*   2 *post hunc v. dist. excidisse putat Hiller*   3 hunc fore Z+ : nunc fore C : hoc fore *Ayrmann* : hunc dare *Lachm.*   qui Z+ : quo *Francken* fundere A V X+ : frangere G : spargere C (*cf. Ov. Met. 6, 425; Eleg. in Maec. 1, 87*)   4 quem] quom *vel* cum *Postg.* Atur *Scal., Valesius* : Atax Z+ : Arabs Y (*pro v.l.*)

Evenere: novos pubes Romana triumphos 5
  Vidit et evinctos brachia capta duces:
At te victrices laurus, Messalla, gerentem
  Portabit niveis currus eburnus equis.
Non sine me est tibi partus honos: Tarbella Pyrene
  Testis et Oceani litora Santonici, 10
Testis Atur Duranusque celer magnusque Garunna,
  Carnuti et flavi caerula lympha Liger.
An te, Cydne, canam, tractis qui leniter undis
  Caeruleus placidis per vada serpis aquis,
Quantus et aetherias contingens vertice nubes 15
  Frigidus intonsos Taurus alat Cilicas?

    6 evinctos G V² X+ : invinctos A : invictos A² *voluit* (*ut vid.*) : evictos H (*de vv. ll. cf. TlL V 2, 1051, 39s; 60ss*) capta Z+ : rapta *ed. Ald. a. 1502*   **7** laurus G² : -os Z+ (*cf. 2, 5, 63; 117; Verg. Ecl. 8, 13; TlL VII 2, 1060, 60ss*)   **8** portabit D, *Scal. ex suo* 'nam ex persona Parcarum haec dicit ... non enim hac elegia celebratur triumphus Messallae, sed natalis' : -bat Z+ : -vit *Guyet ex coni.*   niveis Q, *Muret. ex ed. Ald. a. 1515* : nitidis Z+   **9** sine me est tibi Z+ : sine marte ibi *Baehr.* : sine re est tibi *Housm.* Tarbella M, *Scal. ex coni.* : tua bella Z+   **10** Santonici G (*ut vid.*) P : sanctonici A X+ : Santhonii V   **11** Atur Duranusque *Scal., Hirschfeld* (*SB Akad. Berl. 1896, 715*) : Arar Rhodanusque Z+ Garunna A D : geronna r : garumma V   **12** Carnuti *Scal.* : Carnutis R : Carnoti Z+ (*cf. edd. ad Plin. Nat. Hist. 4, 107*) caerula Z+ : garrula *Gruppe*   **13** an *Broukhus. ex cod. Colotii, Heins. ex coni.* : at Z+   tractis ... undis *Némethy* (*coll. Curt. Ruf. 3, 4, 8*) : tactis ... ulvis *Lachm.* : tacitis ... undis Z+   leniter Z+ : lenior G²   **14** caeruleus placidis ... aquis Z+ : caeruleis placidus ... aquis *Statius* : garrulus et placidis ... aquis *Withof* : caeruleae placidus ... aquae *Huschke dub.* : caeruleus placidae ... aquae *Voss.*   **15** aetherias *Baehr. dub.* : aethereo Z+ : aerio *Voss.* 4, *Baehr. dub.* (*cf. edd. ad 3, 4, 17; Ov. Met. 2, 532*)   **16** alat *Muret., Var. Lect. 14, 11s; Turnebus, Advers. 16, 4* : arat Z+ (*cf. Verg. Aen. 7, 684; Hor. Sat. 2, 2, 48*)

Quid? referam, ut volitet crebras intacta per urbes
  Alba Palaestino sancta columba Syro,
Utque maris vastum prospectet turribus aequor
  Prima ratem ventis credere docta Tyros,   20
Qualis et, arentes cum findit Sirius agros,
  Fertilis aestiva Nilus abundet aqua?
Nile pater, quanam possum te dicere causa
  Aut quibus in terris occuluisse caput?
Te propter nullos tellus tua postulat imbres,   25
  Arida nec Pluvio supplicat herba Iovi.
Te canit utque suum pubes miratur Osirim
  Barbara, Memphiten plangere docta bovem.
Primus aratra manu sollerti fecit Osiris
  Et teneram ferro sollicitavit humum,   30
Primus inexpertae commisit semina terrae
  Pomaque non notis legit ab arboribus.
Hic docuit teneram palis adiungere vitem,
  Hic viridem dura caedere falce comam:
Illi iucundos primum matura sapores   35
  Expressa incultis uva dedit pedibus.
Ille liquor docuit voces inflectere cantu,
  Movit et ad certos nescia membra modos,
Bacchus et agricolae magno confecta labore
  Pectora laetitiae dissoluenda dedit.   40

17 quid? referam *dist. Goerenz (cf. 1, 2, 61)*   crebras Z+ : celebres *Postg. dub.*   **21** findit Z+ : scindit *duo codd. Statii (cf. Verg. Georg. 2, 352)*   **23** possum CG : possim AVX+   **27** utque *Platnauer dub. (coll. Ovid. ex P. 2, 9, 60; 3, 2, 4)* : atque Z+ suum Z+ : tuum *Baehr. dub.*   **28** Memphiten G *(post corr.), ed. Ald. a. 1502* : memphitem Z+   **31** semina Z+ : gramina H   **32** ab AVX+ : in G   **34** dura Z+ : curva *nescioquis ap. Broukhus.*   **36** incultis Z+ : adductis *Heins.* : insuetis *Némethy*   **39** confecta Z+ : constricta *Heins.*   **40** laetitiae *Statius ex libro Colotii, Muret. et Passerat ex codd., Heins.* : tristitiae Z+ : tristitia *Puccius*

Bacchus et afflictis requiem mortalibus affert,
  Crura licet dura compede pulsa sonent.
Non tibi sunt tristes curae nec luctus, Osiri,
  Sed chorus et cantus et levis aptus amor,
Sed varii flores et frons redimita corymbis, 45
  Fusa sed ad teneros lutea palla pedes
Et Tyriae vestes et dulci tibia cantu
  Et levis occultis conscia cista sacris.
Huc ades et Genium ludo Geniumque choreis
  Concelebra et multo tempora funde mero: 50
Illius et nitido stillent unguenta capillo,
  Et capite et collo mollia serta gerat.
Sic venias hodierne: tibi dem turis honores,
  Liba et Mopsopio dulcia melle feram.
At tibi succrescat proles, quae facta parentis 55
  Augeat et circa stet venerata senem.
Nec taceat monumenta viae, quem Tuscula tellus
  Candidaque antiquo detinet Alba Lare.

42 compede G Y : cuspide AV X+   pulsa Z+ : vincta Y, *Wacker ex coni.* : iuncta D   43 nec Z+ : non B   44 et levis Z+ : levis et *ed. Rom. a. 1491* : lenis et *Muret.*   46 sed Z+ : quoque *ed. pr. mai. a. 1472*   47 et Z+ : set *Baehr.* dulci *cod. Gothanus, Fruterius ex coni.* : dulcis AV X+   49 Genium ludo *Markl., Heyne* : genium ludis Y² : sanctum ludo *Guyet* : centum ludis E, *Statius ex coni.* : centum ludos Z+   51 et Z+ : e C   53 venias hodierne Z+ (*cf. Or. Met. 15, 197*) : veniat hodierna *ed. Ven. a. 1475* dem Z+ : dent P   54 liba et Z+ : libaque *Broukhus. ex codd.* : libem et G², *Baehr.* mopsopio H : mosopio Z+ : messopia M   melle H : mella Z+   feram Z+ : favo G², *Baehr.*   56 circa Z+ : circum *Bürger* venerata C, *Statius e libro Sfortiae* : veneranda Z+ : venerande L. Mueller (*cf. ad 1, 5, 14*)   57 nec taceat G H : ne taceat AV X+ : nec taceant *codd. nonn. Statii* : non taceam *ed. Ald. a. 1502* quem *Broukhus. ex ed. Reg. a. 1481* : quam H : qu(a)e Z+   58 candidaque AV X+ : candida quae G : candida quem *Broukhus. ex ed. Reg. a. 1481* : candidave *L. Mueller*

Namque opibus congesta tuis hic glarea dura
   Sternitur, hic apta iungitur arte silex.   60
Te canet agricola, a magna cum venerit urbe
   Serus inoffensum rettuleritque pedem.
At tu, Natalis multos celebrande per annos,
   Candidior semper candidiorque redi.

ELEGIA 8

Non ego celari possum, quid nutus amantis
   Quidve ferant miti lenia verba sono.
Nec mihi sunt sortes nec conscia fibra deorum,
   Praecinit eventus nec mihi cantus avis:
Ipsa Venus magico religatum brachia nodo   5
   Perducit multis non sine verberibus.
Desine dissimulare: deus crudelius urit,
   Quos videt invitos succubuisse sibi.
Quid tibi nunc molles prodest coluisse capillos
   Saepe et mutatas disposuisse comas,   10

---

61 canet H, *Broukhus. ex Vaticano Statii* : -at M : -it Z+   a magna *Baehr., Housm. (Class. Pap. 1123), Platnauer (Lat. Eleg. Verse, 59, 3)* : e magna *ed. Ven. a. 1491* : magna Z+   **64** redi *Statius ex cod. Sfortiae, Bentl.* : veni Z+

8. 1 celari G², *ed. Reg. a. 1475, Scal.* : celare Z+   possum Z+ : possim *Scal. ex codd., ut vid.* : -it *ed. Ald. a. 1502 (cf. G. B. A. Fletcher, Latomus 24, 1965, 47)*   amantis Z+ : amoris C   **2** ferant G V² : -at A V X+   lenia V X : levia A : laevia G   **4** praecinit Z+ : exprimit *Vaticanus unus Statii*   cantus Z+ : carmen Q   **6** perdocuit Z+ : prae- Y   verberibus Z+ : vulneribus C   **9** nunc Z+ : tum *liber Sfortiae* : tam *Passerat*   molles prodest A V X+ : prodest molles f G   **10** saepe et f G : saepeque A V X+ (*v. Housm. ad Manil. 2, 479*)

32 ALBII TIBULLI CARMINA

Quid fuco splendente genas ornasse, quid ungues
   Artificis docta subsecuisse manu?
Frustra iam vestes, frustra mutantur amictus,
   Ansaque compressos colligat arta pedes.
Ille placet, quamvis inculto venerit ore   15
   Nec nitidum tarda compserit arte caput.
Num te carminibus, num te pollentibus herbis
   Devovit tacito tempore noctis anus?
Cantus vicinis fruges traducit ab agris,
   Cantus et iratae detinet anguis iter,   20
Cantus et e curru Lunam deducere temptat,
   Et faceret, si non aera recurva sonent.
Quid queror, heu, misero carmen nocuisse, quid herbas?
   Forma nihil magicis utitur auxiliis:
Sed corpus tetigisse nocet, sed longa dedisse   25
   Oscula, sed femini conseruisse femur.

11 fuco AVX+ : succo G (*cf. edd. ad Ov. Tr. 1, 1, 8*)   genas *Muret. ex notis Pocchi, ut vid.* : comas Z+   ornasse *Muret. ex notis Pocchi, ut vid.* : ornare Z+ : onerasse *Scal.*   **14** ansaque Z+ : arctaque *ed. Ald. a. 1502*   compressos Z+ : comprensos H : constrictos *ed. Ald. a. 1502*   colligat fA G : colligit A²G²V : alligat *ed. Rom a. 1475* : corrigit *Francken*   arta H : arcta fA G X : arte V pedes Z+ : sinus Q   **15** ille *Meier* : illa Z+ : ipsa *ed. pr. mai. a. 1472*   **16** tarda Z+ : nardo *Cornelissen, fort. recte*   **17** pollentibus G (*ex corr.*), *Broukhus. ex codd.* (*cf. Ov. Art. 2, 105* : *Met. 7, 196*; *Quint. Inst. Or. 8, 6, 27*; *TlL VI 2617, 69ss; 2618, 63ss*) : pall – AVX+   **18** tacito Z+ : tacit(a)e V², *Paris. lat. 16708, s. XV in.*   **19** fruges Z+ : segetes *liber Sfortiae* : messes *unus Gebhardi*   traducit Z+ : deducit Q   **21** e curru Z+ : e cursu *Palatinus unus Gebhardi* : e caelo Y², *ed. Rom. a. 1475*   Lunam deducere Z+ : deducere lumina P Y²   **22** recurva *Petreius ex uno Veronensi* : repulsa Z+ (*cf. Luc. 1, 431*)   **26** femini *Statius ex Charis. GLK I 87; 130* (*cf. H. D. Jocelyn, Gnomon 38, 1966, 38*) : femori Z+

Nec tu difficilis puero tamen esse memento
   (Persequitur poenis tristia facta Venus),
Munera nec poscas: det munera canus amator,
   Ut foveat molli frigida membra sinu. 30
Carior est auro iuvenis, cui levia fulgent
   Ora nec amplexus aspera barba terit.
Huic tu candentes humero suppone lacertos,
   Et regum magnae despiciantur opes.
At Venus inveniet puero concumbere furtim, 35
   Dum tumet, et teneros conserere usque sinus,
Et dare anhelanti pugnantibus umida linguis
   Oscula et in collo figere dente notas.
Non lapis hanc gemmaeque iuvant, quae frigore sola
   Dormiat et nulli sit cupienda viro. 40
Heu sero revocatur amor seroque iuventa,
   Cum vetus infecit cana senecta caput.
Tunc studium formae est: coma tunc mutatur, ut annos
   Dissimulet viridi cortice tincta nucis,

28 *sic dist. Dissen* poenis Z+ : pennis *ed. Ald. a. 1502* **29** nec P : ne Z+ : *fort. leg.* neu   **30** foveat Z+ : -as *Broukh. ex Y, Heins. ex coni.*   **31** levia A G V²X+ : lenia V : mollia C   **32** aspera Z+ : hispida *'liber vetus' Mureti, ed. Ven. a. 1475*   **35–38** *hos vv. non suo loco esse positos censuit Heyne*   **35** at Z+ : ac *Baehr.* inveniet *Scal. ex cod.* : invenit Z+ concumbere Z+ : suc- C, *Scal. ex cod.* (*cf. 1, 9, 75; 4, 3, 15f; Ov. Fast. 5, 86*)   **36** tumet *Scal. ex coni.* : timet Z+ (*cf. Hor. Sat. 1, 2, 116*) et ... conserere *Heyne* : et ... conseret P : et ... conserit Z+ : et ... congerit *Stat.* : ut ... conserat *L. Mueller* teneros ... sinus Z+ : molles ... sinus H : teneras ... manus Q   **37** anhelanti Z+ : anhelatim *unus Heinsii, ed. Ven. a. 1475* umida Z+ : uvida *Heins. ex coni.*   **38** notas Z+ : -am *ed. Rom. a. 1475*   **39** iuvant quae HV : iuvantque A G X+ iuvent quae *Scal.*   **41** iuventa *exc. Buxh.*, A²V : iuventas A G V² (*ut vid.*) : iuventus Q (*cf. ad 1, 4, 38*)   **43** tunc studium *Baehr.* : tum studium AVX+ : nunc studium fG coma tunc Z+ : coma tum H : coma nunc fG

Tollere tunc cura est albos a stirpe capillos 45
  Et faciem dempta pelle referre novam.
At tu, dum primi floret tibi temporis aetas,
  Utere: non tardo labitur illa pede.
Neu Marathum torque: puero quae gloria victo est?
  In veteres esto dura, puella, senes. 50
Parce precor tenero: non illi sontica causa est,
  Sed nimius luto corpora tingit amor.
Heu miser absenti maestas quam saepe querelas
  Coniicit et lacrimis omnia plena madent.
'Quid me spernis?' ait 'poterat custodia vinci: 55
  Ipse dedit cupidis fallere posse deus.
Nota Venus furtiva mihi est, ut lenis agatur
  Spiritus, ut nec dent oscula rapta sonum,
Ut possim media quamvis obrepere nocte
  Et strepitu nullo clam reserare fores. 60
Quid prosunt artes, miserum si spernit amantem
  Et fugit ex ipso saeva puella toro,
Vel cum promittit, subito sed perfida fallit,
  et mihi nox multis est vigilanda malis?

45 tollere Z+ : vellere *Cornelissen* (*coll. Prop. 3, 25, 33*) tunc Z+ : tum H : nunc fG   **49** neu G V², *Scal. ex coni.* : seu AV X+ : heu *ed. Ven. a. 1475*   **51** sontica rG : sentica AV X+ : rustica Q   **52** luto *Muret. ex 'veteribus libris'*, *Scal. ex coni.* : luteo Z+ corpora AV X+ : -e G V² (*i.mg.*) tingit Z+ : tangit *Broukhus. ex cod.*   **53** heu *Baehr.* : vel Z+ : ut D : vae *Puccius* : ah *Heins.*   **55** spernis Z+ : -it H   **57** lenis G V²X+ : levis AV   **58** nec AV X+ : ne G (*i.ras.*) Y   **59** ut possim Q : et possum Z+ : et possim *Broukhus. ex codd., ed. Ven. a. 1475* quamvis Z+ : quavis *vel* quovis *Kraffert*   **60** strepitu AV X+ : sonitu G   **61** prosunt *exc. Buxh.*, A G²V X+ : possunt V (*cf. 1, 2, 77s; 2, 4, 15*)   **62** et fugit Z+ : surgit et *exc. Buxh.*   **64** et ... est vigilanda *Wunderlich, Francken* : est ... evigilanda Z+   malis Z+ : modis P

Dum mihi venturam fingo, quodcumque movetur, 65
    Illius credo tunc sonuisse pedem.'
Desistas lacrimare, puer: non frangitur illa,
    Et tua iam fletu lumina fessa tument.
Oderunt, Pholoe, moneo, fastidia divi,
    Nec prodest sanctis tura dedisse focis. 70
Hic Marathus quondam miseros ludebat amantes,
    Nescius ultorem post caput esse deum:
Saepe etiam lacrimas fertur risisse dolentis
    Et cupidum ficta detinuisse mora:
Nunc omnes odit fastus, nunc displicet illi 75
    Quaecumque opposita est ianua dura sera.
At tibi poena manet, ni desinis esse superba.
    Quam cupies votis hunc revocare diem!

66 pedem B, *Scal. ex cod.* : -es Z+   **69** Pholoe A G (*ex ras.*) X+ : Pholoes V² (*ut vid.*)   **71** amantes Z+ : amores *cod. Schefferi, i.e.* U (*cf. 1, 5, 60*)   **73** lacrimas Z+ : lacrimis Y, *Puccius* (*cf. Ov. Met. 3, 656s*)   **76** opposita Z+ : apposita *Broukhus. ex codd.* (*cf. Heins. ad Ov. Am. 3, 14, 20*) dura Z+ : firma Q   **77** tibi *Diomed. GLK I 314, 35* (*cf. CLE 2065 L.*) : te Z+

ELEGIA 9

Quid mihi, si fueras miseros laesurus amores,
  Foedera per divos, clam violanda, dabas?
Ah! miser etsi quis primo periuria celat,
  Sera tamen tacitis Poena venit pedibus.
Parcite, caelestes: aequum est impune licere   5
  Numina formosis ludere vestra semel.
Lucra petens habili tauros adiungit aratro
  Et durum terrae rusticus urget opus,
Lucra petituras freta per parentia ventis
  Ducunt instabiles sidera certa rates: 10
Muneribus meus est captus puer: at deus illa
  In cinerem et liquidas munera vertat aquas.
Iam mihi persolvet poenas, pulvisque decorem
  Detrahet et ventis horrida facta coma.
Uretur facies, urentur sole capilli,   15
  Deteret invalidos et via longa pedes.
Admonui quotiens 'auro ne pollue formam:
  Saepe solent auro multa subesse mala.
Divitiis captus si quis violavit amorem,
  Asperaque est illi difficilisque Venus.   20
Ure meum potius flamma caput et pete ferro
  Corpus et intorto verbere terga seca.

9. 1 miseros Z+ : teneros *Guelferbyt. 1 et 2* laesurus Z+ (*cf. Ov. Met. 13, 867; 14, 380*) : lusurus *Fruterius, Heins.* (*cf. 1, 2, 90s; 8, 71*) amores Z+ : amantes *ed. Ald. a. 1502* (*cf. 1, 8, 71*)   2 clam Z+ : iam *Scal. ex cod.* dabas A G V+ : -bis P X (*ante corr.*)   3 miser etsi quis G²V² : miser et siquis Z+ : miser est si quis f : miseret siquis *Schol. Stat. Theb. 5, 689*   6 ludere *Guelferbyt. 3* (*a sec. man.*), *Dan. Heins.* (*ad Sil. It. 1, 9*) : laedere Z+   9 petituras fG V²X+ : -os AV freta per parentia Z+ : parentia per freta *Florentinus Statii, ed. Lips. a. 1497*   12 liquidas Z+ : rapidas *Turnebus Adv. 16, 4* vertat Z+ : -et *Guelferbyt. 1 et 4*   13 persolvet Z+ : -es P, *Scal.* : -at H

Nec tibi celandi spes sit peccare paranti:
    Scit deus, occultos qui vetat esse dolos.
Ipse deus tacito permisit lingua ministro   25
    Ederet ut multo libera verba mero:
Ipse deus somno domitos emittere vocem
    Iussit et invitos facta tegenda loqui.'
Haec ego dicebam: nunc me flevisse loquentem,
    Nunc pudet ad teneros procubuisse pedes.   30
Tunc mihi iurabas nullo te divitis auri
    Pondere, non gemmis vendere velle fidem,
Non tibi si pretium Campania terra daretur,
    Non tibi si Bacchi cura Falernus ager.
Illis eriperes verbis mihi sidera caelo   35
    Lucere et pronas fluminis esse vias.
Quin etiam flebas: at non ego fallere doctus
    Tergebam umentes credulus usque genas.
Quid faceres, nisi et ipse fores in amore puellae?
    Sic, precor, exemplo sit levis illa tuo.   40

23 nec Z+ : ne f celandi spes fH : celandi fas AV+ : celanti fas G Q   24 scit *Voss. 5, Postg.* : sit Z+ : est fH vetat fH : -et Z+   25 lingua *Rigler, Haupt (cf. Ov. Tr. 3, 5, 47s)* : lene H V² : leve AV X+ : laene G : laeva Y : lege *Della Corte* : saeva 'vetus codex' *Mureti* : saepe *Muret.* : vela *Scal.* : frena *Burm. Sec.* : lora *Santen* ministro Z+ : magistro *unus Statii* : magister *Guyet*   28 iussit Z+ : cogit fH   31 tunc Z+ : tum H : tu D nullo te G V² : nullo tibi A G X+ : non ullo *ed. Haupt-Vahlen⁵ a. 1885 (cf. 1, 4, 36; 7, 2)* : nullius Y *(pro v.l.)*   33 terra A G²V X+ : tota G, *Baehr.*   35 eriperes G : -et AV X+ caelo *Broukhus. ex Vat. lat. 1609, saec. XV ex.* : caeli Z+   36 pronas *Heyne* : puras Z+ fluminis A G X+ : fulminis G²R *(cf. Hor. Carm. 1, 29, 10–12; TlL VI 1, 1525, 43ss)*   39 faceres GV² *(i. mg.)* : facerem H : faciam AV X+ : facias *nonn. codd. Broukhus., ed. Ald a. 1502*   40 sic ... sit G *(ut vid.)*, *cod.Commelini* : sit ... sit R²V² : sit ... sed A *(ut vid.)* V X+ : sed ... sit C

O quotiens, vobis ne quisquam conscius esset,
　Ipse comes multa lumina nocte tuli!
Saepe insperanti venit tibi munere nostro
　Et latuit clausas post adoperta fores.
Tum miser interii, stulte confisus amari:　　　　　　　　45
　Nam poteram ad laqueos cautior esse tuos.
Quin etiam attonita laudes tibi mente canebam,
　At me nunc nostri Pieridumque pudet.
Illa velim rapida Vulcanus carmina flamma
　Torreat et liquida deleat amnis aqua.　　　　　　　　50
Tu procul hinc absis, cui formam vendere cura est
　Et pretium plena grande referre manu.
At te, qui puerum donis corrumpere es ausus,
　Rideat assiduis uxor inulta dolis,
Et cum furtivo iuvenem lassaverit usu,　　　　　　　　55
　Tecum interposita languida veste cubet.
Semper sint externa tuo vestigia lecto,
　Et pateat cupidis semper aperta domus:
Nec lasciva soror dicatur plura bibisse
　Pocula vel plures emeruisse viros.　　　　　　　　　　60
Illam saepe ferant convivia ducere Baccho,
　Dum rota Luciferi provocet orta diem:

　41 vobis *Statius* : verbis Z+　　**44** et G (*ut vid.*), *Puccii exc., Broukhus. ex codd.* : sed Z+　clausas *Guelferbyt. unus* : -os Z+　**45** tum Z+ : tunc *Bürger* : a *L. Mueller* amari Z+ : amori Y, '*recte, ut vid.' Postg.*　　**46** nam Z+ : non ... ? *Scal. ex cod., ut vid.*　　**48** at E, *Muret. ex cod.* : et Z+ : ut Y　　**49** rapida Z+ : rabida *cod. unus, ut vid.*　　**51** tu procul hinc absis cui formam Z+ : sit procul a nobis formam cui f, *Scal.*　　**53** puerum donis AVX+ : donis puerum G, *Baehr.*　　**57** semper sint externa tuo Z+ : sint externa tuo semper *ed. Ven. a. 1475* : sint hesterna t. s. *ed. Rom. a. 1475, sed cf. Ov. Met. 14, 380*　　**60** vel Z+ : quam Y : nec *unus Scaligeri* emeruisse Z+ : emoluisse *Postg. dub.*　　**61** ferant G², *Statius ex cod. Laur. Plut. 33, 11, saec. XV ex.* : -unt Z+　　**62** provocet Z+ : -at P

Illa nulla queat melius consumere noctem
   Aut operis varias disposuisse vices.
At tua perdidicit: nec tu, stultissime, sentis,   65
   Cum tibi non solita corpus ab arte movet.
Tune putas illam pro te componere corpus
   Aut tenues denso pectere dente comas?
Istane persuadet facies auroque lacertos
   Vinciat et Tyrio prodeat apta sinu?   70
Non tibi, sed iuveni cuidam vult bella videri,
   Devoveat pro quo teque domumque tuam.
Nec facit hoc vitio, sed corpora foeda podagra
   Et senis amplexus culta puella fugit.
Huic tamen accubuit noster puer: hunc ego credam   75
   Cum trucibus Venerem iungere posse feris.
Blanditiasne meas aliis tu vendere es ausus,
   Tune aliis demens oscula ferre mea?
Tum flebis, cum me vinctum puer alter habebit
   Et geret in regno sceptra superba tuo.   80
At tua tum me poena iuvet, Venerique merenti
   Fixa notet casus aurea palma meos.
'Hanc tibi fallaci resolutus amore Tibullus
   Dedicat et grata sis, dea, mente rogat.'

64 aut Z+ : atque *Puccius ex cod., ed. Ald. a. 1502* operis *Baehr.* : -um Z+ (*cf. Ov. Am. 1, 4, 48* : *Burm. ad. Art. 2, 675; TlL IX 9, 851, 8ss*)   65 at A G X+ : aut V : haec V² (*i. mg.*) : hinc *Baehr. dub.*   67 putas A V X+ : putes G   componere *Broukhus.* : disponere Z+ corpus B : crines Z+   68 aut A V X+ : et G H pectere G V²X+ : pectore A V   69 istane *Postg.* : ista haec G X+ : ista A V : illa haec *exc. Puccii, ed. pr. min. a. 1472* : ista huic *Wakefield* (*ad Lucr. 2, 478*) : istaec *Lachmann* (*ad Lucr. 4, 1058*)   72 teque *Lipsius* : remque Z+ (*cf. Prop. 2, 8, 14*)   73 nec G V² : h(a)ec A V X+ : hoc P : non C   75 huic Q : hunc Z+   79 tum *ed. Vic. a. 1481* : tunc Z+ : tu Q (*cf. Prop. 2, 17, 18*)   80 regno Z+ : gremio E sceptra *Heins., Guyet* : regna Z+ (*cf. Heins. ad Ovid. Fast. 4, 594*)   81 tum G², *ed. Ald a. 1502* : dum Z+   82 palma Z+ : parma *vel* lamna *Scal.*

40   ALBII TIBULLI CARMINA

ELEGIA 10

Quis fuit, horrendos primus qui protulit enses?
  Quam ferus et vere ferreus ille fuit!
Tum caedes hominum generi, tum proelia nata,
  Tum brevior dirae mortis aperta via est.
An nihil ille miser meruit, nos ad mala nostra   5
  Vertimus, in saevas quod dedit ille feras?
Divitis hoc vitium est auri, nec bella fuerunt,
  Faginus astabat cum scyphus ante dapes.
Non acies, non vallus erat, somnumque petebat
  Securus varias dux gregis inter oves.   10
Tunc mihi vita foret, Valgi, nec tristia nossem
  Arma nec audissem corde micante tubam:
Nunc ad bella trahor, et iam quis forsitan hostis
  Haesura in nostro tela gerit latere.
Sed patrii servate Lares: aluistis et idem,   15
  Cursarem vestros cum tener ante pedes.

10. 1 quis fuit] *'hoc est principium secundi libri in codd. vetustioribus'* Pocchus, *similiter* Petreius   quis Z+ : qui fV²   3 tum caedes fH : tunc caedes Z+   tum proelia fAV X+ : tunc proelia GP   4 tum AV X+ : tunc G : et f   5 an AV X+ : at G V² (*i. mg. pro v. l.*) : ha H   forsan et ille nihil meruit f   *sic dist.* Lachm.   8 a(d)stabat Z+ : aptabat f   scyphus H : sciphus r : ciphus Z+ dapes Z+ : pedes P : merum r   9 acies Statius, Guyet (*coll. 1, 3, 47*) : arces Z+   erat Z+ : erant *nescio quis* (*cf. edd. ad Ov. Met. 1, 99*)   somnumque Z+ : somnosque f   10 varias Z+ : sparsas *nonn. codd.* (*cf. GLK V 99, 20; Calonghi, SIFC 12, 1904, 315*) : saturas Heins. : vacuas Broukhus.   11 Valgi *Heyne* : vulgi Z+ : dulcis Voss. *3 et 5,* Heins. : vulgo *Haupt* : facilis *Reid*   12 micante Z+ : tremente C V²   15 sed patrii Z+ : dii patrii Y (*pro v. l.*)   et idem Z+ : ut idem Postg. *dub.*   16 cursarem Z+ : curarer *Cornelissen*

Neu pudeat prisco vos esse e stipite factos:
  Sic veteris sedes incoluistis avi.
Tunc melius tenuere fidem, cum paupere cultu
  Stabat in exigua ligneus aede deus.   20
Hic placatus erat, seu quis libaverat uvam
  Seu dederat sanctae spicea serta comae:
Atque aliquis voti compos liba ipse ferebat
  Postque comes purum filia parva favum.
At nobis aerata, Lares, depellite tela   25
  . . . .   25a
  . . . .   25b
  Hostiaque e plena rustica porcus hara.   26
Hanc pura cum veste sequar myrtoque canistra
  Vincta geram, myrto vinctus et ipse caput.
Sic placeam vobis: alius sit fortis in armis,
  Sternat et adversos Marte favente duces,   30
Ut mihi potanti possit sua dicere facta
  Miles et in mensa pingere castra mero.
Quis furor est atram bellis accersere Mortem?
  Imminet et tacito clam venit illa pede.

18 veteris sedes *unus Vaticanus, Fruterius ex coni.* : veteres sedes A V X+ : veteris aedes *Guelferbyt. 3, ed. Ald. a. 1515* : veteres aedes *ed. pr. mai. a. 1472, ed. Ald. a. 1502*   19 tunc Z+ : tum *nonn. codd. Broukhus.*   21 libaverat Z+ : -it Q   uvam G V² : urnam X : uva A+ : una V   23 ipse G², *Muret. ex cod., ut vid.* : ipsa Z+   25 *post hunc v. lac. stat.* I²V², *Muretus, fort. Pontan. secuti qui duo dist. interiecit; lac. unius v. ind.* X (*'sic stat in exemplari' alia man. i. mg.*)   26 hostiaque e Z+ : hostia de G² : hostiaque est *ed. pr. Bartol. a. 1472/73* : hostia erit *Voss. 5, Broukhus.* : hostia sit *Graef* rustica AVX+ : mystica G Q, *Muret.*   27 hanc Z+ : hunc *ed. Ald. a. 1502, Muret.*   myrtoque AVX+ : myrtisque G   30 adversos G V² : adverso AVX+   31 potanti Z+ : pachanti P : bacchanti *cod. Lips., Gebhard. ex coni.*   33 accersere AVX+ : arcessere fG V² (*i. mg.*)

Non seges est infra, non vinea culta, sed audax 35
   Cerberus et Stygiae navita turpis aquae:
Illic pertusisque genis ustoque capillo
   Errat ad obscuros pallida turba lacus.
Quam potius laudandus et hic, quem prole parata
   Occupat in parva pigra senecta casa! 40
Ipse suas sectatur oves, at filius agnos,
   Et calidam fesso comparat uxor aquam.
Sic ego sim, liceatque caput candescere canis,
   Temporis et prisci facta referre senem.
Interea Pax arva colat. Pax candida primum 45
   Duxit aratores sub iuga curva boves,
Pax aluit vites et sucos condidit uvae,
   Funderet ut nato testa paterna merum:
Pace bidens vomerque nitent, at tristia duri
   Militis in tenebris occupat arma situs, 50

* * *

Rusticus e luco revehit, male sobrius ipse,
   Uxorem plaustro progeniemque domum.

36 turpis *Muret. ex uno Vaticano et exc. Colotii* : puppis fZ+ : tristis *Burm.* : putris *Broukhus.*   **37** pertusisque *Lips. ex cod., ut vid., Livineius ex coni.* : percussisque Z+ : perscissisque f, *Scal.* : perculsisque *unus Palatinus* : exesisque *Heins., fort. recte; cf. Drakenb. ad Sil. 2, 466* : rescissisque *Lachm.*   **39** quam fZ+ : quin A (*man. rec.*) B et hic *ed. pr. min. a. 1472* : hic est fA G V+ : et hic est P X   **40** occupat Z+ : occulit f   **41** at fA : ast H : aut G : ut V X   **43** sic Z+ : hic *Markl.* candescere fA V X+ : can/escere G (cand ssc. G²) P (*cf. edd. ad Prop. 2, 18, 5*)   **46** aratores *Puccius, Broukhus. ex codd.* (*cf. Ov. Fa. 1, 698*) : araturos Z+ curva A V X+ : panda fG   **49** bidens G V²X+ : nitens A (*ex corr.*) V vomerque G V² : vomer A V X+ nitent *Guyet* : nitet f : vigent G V² (*i. mg.*) : viderit A V   **50** occupat fA V X+ : occupet G H   *post hunc v. quaedam excidisse putant Haase, Haupt, L. Mueller*   **51** e luco revehit *L. Carrio* (*ad Val. Flacc. 3, 293*), *Fruterius* (*Verisimil., p. 18*) : e lucoque vehit G V², *Scal.* : elutoque vehit A C X ipse Y (*pro v. l.*), *Broukhus. ex codd., ed. pr. mai. a. 1472* : ipso Z+

Sed Veneris tunc bella calent, scissosque capillos
    Femina perfractas conqueriturque fores:
Flet teneras obtusa genas, sed victor et ipse   55
    Flet sibi dementes tam valuisse manus.
At lascivus Amor rixae mala verba ministrat,
    Inter et iratum lentus utrumque sedet.
Ah lapis est ferrumque, suam quicumque puellam
    Verberat: e caelo deripit ille deos.   60
Sit satis e membris tenuem rescindere vestem,
    Sit satis ornatus dissoluisse comae,
Sit lacrimas movisse satis: quater ille beatus
    Quo tenera irato flere puella potest.
Sed manibus qui saevus erit, scutumque sudemque   65
    Is gerat et miti sit procul a Venere.
At nobis, Pax alma, veni spicamque teneto,
    Profluat et pomis candidus ante sinus.

    53 tunc Z+ : tum H   55 obtusa *Scal. ex coni., ut vid.* : subtusa Z+ : suffusa *Guelferbyt. 3 (a sec. manu), ed. pr. Bartol. a. 1472/73, Scal. olim* : contusa *S. Allen*   58 lentus Z+ : laetus *duo Palatini Gebhardi (cf. 3, 7, 71; 17, 6)*   59 a V X : ha A : at G : nam Q   60 e Z+ : et *ed pr. min. a. 1472* deripit *Scal. ex cod., ut vid.* : di- Z+   61 rescindere *Heins. ex coni. (cf. Prop. 3, 8, 8)* : perscindere AV X+: prae- G   62 ornatus ... comae Z+ : ornatas ... comas Y : ornatus ... comis P   64 quo Z+ : quoi *Dousa pater ex coni. (cf. Prop. 1, 12, 15; TlL VI 1, 900, 48)*   68 profluat G : praefluat AV X : perfluat H : perpluat *cod. Bern., Heins. ex coni.*

ALBII TIBULLI
LIBER SECUNDUS

ELEGIA 1

Quisquis ades, faveas: fruges lustramus et agros,
    Ritus ut a prisco traditus exstat avo.
Bacche, veni, dulcisque tuis e cornibus uva
    Pendeat, et spicis tempora cinge, Ceres.
Luce sacra requiescat humus, requiescat arator,   5
    Et grave suspenso vomere cesset opus.
Solvite vincla iugis: nunc ad praesepia debent
    Plena coronato stare boves capite.
Omnia sint operata deo: non audeat ulla
    Lanificam pensis imposuisse manum.   10
Vos quoque abesse procul iubeo, discedat ab aris,
    Cui tulit hesterna gaudia nocte Venus.
Casta placent superis: pura cum veste venite
    Et manibus puris sumite fontis aquam.

---

1. **1** ades, faveas *Dousa fil. ex coni.* (*cf.* 2, 2, 2; *Ov. Met.* 15, 677) : adest, faveat '*quinque Anglici*' *ap. Heyne-Wunderlich, Scal. ex coni.* : adest valeat Z+   **7** sub ⟨Aurelii?⟩ Cottae nomine affertur a scriptore '*De dubiis nominibus*', GLK V 587, 17   **8** stare boves capite Z+ : vertice stare boves f   **9** sint G V²X : sunt fAV+   **11** discedat Z+ : discedite C : discedere E (*ante corr.*)   **12** cui Z : queis *Muret.* : qui P   hesterna fA G V (*ex corr.*) : externa H X (*cf. ad.* 3, 4, 2)   **13** veste Z+ : mente f   **14** puris Z+ : puri *Broukh.* : puram *Marcilius*

Cernite, fulgentes ut eat sacer agnus ad aras 15
  Vinctaque post olea candida turba comas.
Di patrii, purgamus agros, purgamus agrestes:
  Vos mala de nostris pellite limitibus,
Neu seges eludat messem fallacibus herbis,
  Neu timeat celeres tardior agna lupos. 20
Tum nitidus plenis confisus rusticus horreis
  Ingeret ardenti grandia ligna foco,
Turbaque vernarum, saturi bona signa coloni,
  Ludet et ex virgis exstruet ante casas.
Eventura precor: viden ut felicibus extis 25
  Significet placidos nuntia fibra deos?
Nunc mihi fumosos veteris proferte Falernos
  Consulis et Chio solvite vincla cado.
Vina diem celebrent: non festa luce madere
  Est rubor, errantes et male ferre pedes. 30
Sed 'bene Messallae' sua quisque ad pocula dicat,
  Omen et absenti singula verba sonent.
Gentis Aquitanae celeber Messalla triumpho
  Et magna intonsis gloria victor avis,
Huc ades aspiraque mihi, dum carmine nostro 35
  Redditur agricolis gratia caelitibus.

15 agnus A G²V X+ : ignis G   18 nostris Z+ : vestris B pellite A V X+ : tollite G   20 tardior Z+ : segnior C, *Scal.*   21 tum *Puccius* : tunc Z+ : horreis *Guyet, Heins.* (*cf. 2, 5, 84*) : areis *Scal.* : agris Z+   22 ingeret A Q : -at G V X   23 saturi G Q : satiri A : satyri H V X : sacri B   24 ante A V X : arte G Q   25 felicibus Z+ : caelestibus V² (*i. mg.*) extis Z+ : herbis C   27 fumosos ... Falernos Z+ : -um ... -um *Statius, Scal.*   29 celebrent A G²V X + : -ant fG (*ante corr.*) non Z+ : nec f   31 Messallae *Scal.* -am Z+   32 omen et absenti *Wyngaard* : nomen et absentis Z+   33 triumpho *ed. Ven. a. 1475* : -is Z+   34 avis M, *Scal. ex coni.* : ades Z+ : abis *exc. Petrei*   35 huc Z+ : nunc *Zwiccavienses 1 et 2*

Rura cano rurisque deos: his vita magistris
  Desuevit querna pellere glande famem:
Illi compositis primum docuere tigillis
  Exiguam viridi fronde operire domum, 40
Illi etiam tauros primi docuisse feruntur
  Servitium et plaustro supposuisse rotam.
Tunc victus abiere feri, tunc insita pomus,
  Tunc bibit irriguas fertilis hortus aquas,
Aurea tunc pressos pedibus dedit uva liquores 45
  Mixtaque securo est sobria lympha mero.
Rura ferunt messes, calidi cum sideris aestu
  Deponit flavas annua terra comas.
Rure levis vernos flores apis ingerit alveo,
  Compleat ut dulci sedula melle favos. 50
Agricola assiduo primum satiatus aratro
  Cantavit certo rustica verba pede
Et satur arenti primum est modulatus avena
  Carmen, ut ornatos diceret ante deos,
Agricola et minio suffusus, Bacche, rubenti 55
  Primus inexperta duxit ab arte choros.

37 cano Z+ : colo f   his Z+ : queis W   38 desuevit Z+ : destituit *Scal. ex cod.*   glande G V²X+ : grande AV   39 primum Z+ : -i C   tigillis G X : tigellis AV+ : tegellis f   40 domum Z+ : casam *exc. Petrei, Pocchi, Lipsii*   41 primi f Z+ : primum P   43–44 tunc ... tunc ... tunc Z+ : tum ... tum ... tum f   43 tunc insita *Broukhus. ex exc. Lipsii* : tum consita Z+   45 aurea fG : antea AV X+   tunc Z+ : tum f : nunc *ed. Reg. a. 1481*   47 ferunt Z+ : terunt *ed. Haupt–Vahlen⁵ a. 1885*   48 annua Z+ : aurea Y (*pro v. l.*)   49 vernos *Fruterius* : verno Z+ (*cf. infra 59; Hor. Carm. 2, 11, 9*)   ingerit fG (*ex corr.*) : -at Z+   50 ut fG V² : et AV X+   51 satiatus Z+ : sacratus Q : defessus *duo codd. Broukhus.* : lassatus *Scal. ex coni.*   53 modulatus Z+ : meditatus *Vulpius*   54 diceret G V² : duceret AV X+ (*cf. Hor. Sat. 1, 10, 44*)

Huic datus a pleno, memorabile munus, ovili
  Dux pecoris: curtas auxerat hircus opes.
Rure puer verno primum de flore coronam
  Fecit et antiquis imposuit Laribus.   60
Rure etiam teneris curam exhibitura puellis
  Molle gerit tergo lucida vellus ovis.
Hinc et femineus labor est, hinc pensa colusque,
  Fusus et apposito pollice versat opus,
Atque aliqua assidue textrix operata Minervae   65
  Cantat et appulso tela sonat latere.
Ipse quoque inter agros interque armenta Cupido
  Natus et indomitas dicitur inter equas:
Illic indocto primum se exercuit arcu:
  Ei mihi, quam doctas nunc habet ille manus!   70
Nec pecudes, velut ante, petet: fixisse puellas
  Gestit et audaces perdomuisse viros.
Hic iuveni detraxit opes, hic dicere iussit
  Limen ad iratae verba pudenda senem:
Hoc duce custodes furtim transgressa iacentes   75
  Ad iuvenem tenebris sola puella venit

57 a A V X+ : e G (*ex corr.*)   58 pecoris curtas *Waardenburg* (*Opusc., p. 180; cf. Bentl. ad Hor. Epist. 1, 7, 58*) : pecoris hircus Z+ auxerat A² (*corr. ex* haux-) V² (*i. mg.*) X+ : hauserat G V : duxerat G², *Muret. ex coni., ut vid.* opes *Waardenburg* : oves Z+ 65 assidue Z+ : assiduae *Broukhus. ex codd.* textrix Z+ : textis *Guyet, Fruterius ex coni.* Minervae *Broukhus. ex codd.* : -am Z+ (*cf. supra* 9; 5, 95)   66 appulso Z+, *Cyllenius* : applauso *Broukhus. ex codd., ed. Reg. a. 1481* : a pulso *Muret.* : a plauso *Rigler* 67 ipse quoque inter agros A X : ipse quoque inter greges V : ipse interque greges G V² : ipse quoque inter oves *Hiller dub.*   69 indocto Z+ : *an leg.* -us? *sed cf. Mart. 6, 73, 1*   70 ei G X : hei V : heu H (*cf. TlL V 2, 300 45s*)   73 opes G²H : opus Z+   76 tenebris A V X+ : in tenebris G

Et pedibus praetemptat iter suspensa timore,
  Explorat caecas cui manus ante vias.
Ah miseri, quos hic graviter deus urget, at ille
  Felix, cui placidus leniter afflat Amor.   80
Sancte, veni dapibus festis, sed pone sagittas
  Et procul ardentes hinc precor abde faces.
Vos celebrem cantate deum pecorique vocate
  Voce: palam pecori, clam sibi quisque vocet.
Aut etiam sibi quisque palam: nam turba iocosa   85
  Obstrepit et Phrygio tibia curva sono.
Ludite: iam Nox iungit equos currumque sequuntur
  Matris lascivo sidera fulva choro,
Postque venit tacitus furvis circumdatus alis
  Somnus et incerto Somnia nigra pede.   90

  78 cui Z+ : dum *Heyne dub., nescio an recte*   82 precor Z+ : procul P   83 s *sic dist. cum Petro Bembo in libello De Vergilii Culice*   84 palam Z+ : palem *ed. Ald. a. 1502*   87 nam Q : iam Z+   88 choro G V² : thoro AV X+ : toro Y   89 postque venit Z+ : accedit f   tacitus AV X+ : tacitis G Q   furvis GH, *Heins. ex coni.* (*ad Sil. Ital. 3, 682; Ovid. Met. 3, 273*) : fulvis fAV X+ : fuscis *exc. Petrei, Dousa fil. ex codd.* (*cf. TlL VI 1, 1534, 3 ss*)   90 nigra f Z+ : vana Q : pigra *Heins.* (*ad Ovid. Met. 3, 273*)

ELEGIA 2

Dicamus bona verba, venit Natalis, ad aras:
   Quisquis ades, lingua, vir mulierque, fave.
Urantur pia tura focis, urantur odores
   Quos tener e terra divite mittit Arabs.
Ipse suos adsit Genius visurus honores   5
   Cui decorent sanctas mollia serta comas.
Illius puro destillent tempora nardo
   Aque satur libo sit madeatque mero,
Annuat et, Cornute, tibi quodcumque rogabis.
   En age, quid cessas? annuet ille: roga.   10
Auguror, uxoris fidos optabis amores:
   Iam reor hoc ipsos edidicisse deos.
Nec tibi malueris, totum quaecumque per orbem
   Fortis arat valido rusticus arva bove,
Nec tibi, gemmarum quicquid felicibus Indis   15
   Nascitur, Eoi qua maris unda rubet.
Vota cadunt. Viden ut strepitantibus advolet alis
   Flavaque coniugio vincula portet Amor?

---

2. **1** *sic dist. Gronov., Broukhus.*   **4** e Z+ : a H   **5** adsit Genius G²D : Genius adsit Z+   **6** mollia Z+ : florea C   **7** puro Z+ : Assyria *Heins.* (*ad Ovid. Her. 15, 76*) destillent *Broukhus. ex coni.* : distillent Z+   **8** aque *Platnauer* : atque Z+ : ille *A. G. Lee*   **9** Cornute A G X+ : cherinthe Y (*pro v.l.*) rogabis Z+ : rogaris *Guyet* (*cf. Ovid. Met. 2, 102*)   **10** annuet *Broukhus. ex exc. Lipsii, Heins. ex coni.* : -it Z+   **13** nec tibi malueris Z+ : ne tibi quaesieris f   **15** Indis fV², *Fruterius ex coni.* : undis Z+   **17** cadunt Z+ : -ant *Haupt ex Italis* viden ut *Voss. 3, Guyet, Heins. ex coni.* (*cf. 2, 1, 25*) : utinam Z+ strepitantibus Z+ : trepidantibus *Broukhus. ex cod. Statii, Bentl. ex cod. Londin. Bibl. Brit. Burn. 268, ut vid.* (*cf. Ovid. Met. 1, 506*)

Vincula quae maneant semper, dum tarda senectus
    Inducat rugas inficiatque comas.   20
Huc venias, Natalis, avis prolemque ministres,
    Ludat ut ante tuos turba novella pedes.

ELEGIA 3

Rura meam, Cornute, tenent villaeque puellam:
    Ferreus est, eheu, quisquis in urbe manet.
Ipsa Venus laetos iam nunc migravit in agros,
    Verbaque aratoris rustica discit Amor.
O ego, dum aspicerem dominam, quam fortiter illic   5
    Versarem valido pingue bidente solum
Agricolaeque modo curvum sectarer aratrum,
    Dum subigunt steriles arva serenda boves!

    19 vincula quae H : vinculaque A : vinculaque et G V X+ **20-3, 49** in V *exstant a manu recentiore in folio agglutinato, ut Hiller (praef., p. V, n. 3), a Bernardo Lupo certior factus, asserit*   **21** huc venias *Galinsky (coll. 1, 7, 49; Ovid Trist. 5, 5, 14)* : huc veniat C : hic veniat A X+ : haec veniat G : haec veniet V² avis Z+ : avi *Heins.*   ministres *Heins.* : -et Z+ : -at V²   **22** ut *Heyne ex cod. Ursini* : et Z+ (*cf. Prop. 4, 2, 56; Pease ad Verg. Aen. 4, 328*)

    3. 1 rura meam ... tenent Z+ : rura tenent ... meam Q   Cornute Z+ : Cerinthe C   **2** eheu H (*cf. infra 49; 1, 4, 81*) : heu heu Z+ quisquis Z+ : si quis *Vat. lat. 1609, s. XV ex.*   **3** laetos G V², *Muret. ex codd., Scal.* : latos A X+ : Latios *Heins.* (*cf. edd. ad Hor. Carm. 1, 12, 57; Ovid. Her. 12, 46*)   nunc migravit Z+ : commigravit *Bentl.*   **5** dum *Heyne ex cod. Broukhus.* : cum Z+ aspicerem dominam Z+ : dominam aspicerem *ed. Ald. a. 1502*   **7** curvum Z+ : curvus *cod. Cyllenii, cod. Heinsii* (*cf. Burm. ad Ovid. Met. 2, 286*)   **8** serenda A X+ : colenda G : secanda V²

II 2.3   51

Nec quererer, quod sol graciles exureret artus,
 Laederet aut teneras pustula rupta manus.   10
Pavit et Admeti tauros formosus Apollo,
 Nec cithara intonsae profueruntve comae,
Nec potuit curas sanare salubribus herbis:
 Quicquid erat medicae vicerat artis amor.   14
Ipse deus solitus stabulis expellere vaccas   14a
. . . .
Et miscere novo docuisse coagula lacte,   14b
 Lacteus et mulctris obriguisse liquor.   14c
Tunc fiscella levi detexta est vimine iunci,   15
 Raraque per nexus est via facta sero.
O quotiens illo vitulum gestante per agros
 Dicitur occurrens erubuisse soror!
O quotiens ausae, caneret cum valle sub alta,
 Rumpere mugitu carmina docta boves!   20
Saepe duces trepidis petiere oracula rebus,
 Venit et a templis irrita turba domum:

9 quod A X+ : quam G V² : quom *Guyet*   10 aut *Guelferbyt. 3, ed. Ald. a. 1515* : et Z+   pustula Z+ : pussula r   11 Admeti G V²X+ : armenti A   12 cithara G X+ : cythera (*ex* cythara *corr.*) V² : cithera A   profueruntve Z+ : -antve *ed. Ald. a. 1502* (*cf. 3, 11, 4; Platnauer, Lat. Eleg. Verse, Cantab., 1951, p. 53*)   **14a et b** *coniuncti sine intervallo in* AX, *spatium reliquit* G, *post v.* **14a** *lac. ind.* A²V²   **14a-c** *pro spuriis habuit* Scal., **14c** *tantum* Muret. *lac. post* **14a** *expleverunt* H (*ex coni. Aurispae*) et potum fessas ducere fluminibus : G² (*ex coni. Pontani*) in nemora et pastas inde referre domum : V² (*ex coni. T. Senecae*) creditur ad mulctram constituisse prius. *sic locum totum Pontanus explevit teste Petreio* ipse deus solitus stabulis expellere vacccas / in nemora et pastas inde referre domum / ipse et spumanti primus mulctralia succo / implesse expressis fertur ab uberibus *Vide TlL III 1380, 20ss; Kroll, RE X 1489, 45ss; 1491, 28ss.*   **14c** et mulctris *Rigler* : e mistis *Auratus* : et mixtus A G V²X+ : et mustis *exc. Petrei*   15 tunc Z+ : tum P   fiscella A (*post corr.*) G V+ : fistella A (*ante corr.*) X   19 cum V², *ed. Bartol. a. 1472* : dum Z+

Saepe horrere sacros doluit Latona capillos,
  Quos admirata est ipsa noverca prius.
Quisquis inornatumque caput crinesque solutos   25
  Aspiceret, Phoebi quaereret ille comam.
Delos ubi nunc, Phoebe, tua est, ubi Delphica Pytho?
  Nempe Amor in parva te iubet esse casa.
Felices olim, Veneri cum fertur aperte
  Servire aeternos non puduisse deos.   30
Fabula nunc ille est: sed cui sua cura puella est,
  Fabula sit mavult quam sine amore deus.
At tu, quisquis is es, cui tristi fronte Cupido
  Imperat, ut nostra sint tua castra domo,
. . . .
. . . .
Ferrea non Venerem, sed praedam saecula laudant: 35
  Praeda tamen multis est operata malis.
Praeda feras acies cinxit discordibus armis:
  Hinc cruor, hinc caedes mors propiorque venit.
Praeda vago iussit geminare pericula ponto,
  Bellica cum dubiis rostra dedit ratibus.   40

    27 Delphica Z+ : Delphice *nescioquis* Pytho V²Y : Phyto X : Phyton G : Phito A : Python *L. Mueller*   **31** sed cui sua cura puella est Z+ : sed cui nunc cura puellae est *ed. Rom. a. 1475* : sed cui sua cara puella est H   **33** es G V² : est A V X+ (*cf. ad 1, 2, 35; 6, 39*)   **34** imperat ut Z+ : imperat in *Broukhus. ex cod.* : imperat at W, *ed. Rom. a. 1475* : imperitat *Muret. ex cod., ut vid.* : imperat, i : *Rigler post hunc v. lac. stat. Lachm.; cf. Merkelbach, Festschrift Vretska, pp. 121–23*   **35** Venerem Z+ : pacem f   **36** operata A V X+ : adoperta fG (*cf. ad 2, 5, 95; TlL IX 2, 690, 41 s*)   **37** cinxit Z+ : cingit Q : acuit *Broukhus. ex Colbertino, Heins., Adv. II 9*   discordibus A G V²+ : crudelibus V, *Heins., Adv. II 9*   **38** cruor Z+ : furor C V² (*cf. Ov. Fast. 6, 599; Trist. 1, 10, 32*)   mors propiorque A G²+ : mors propriorque G V X : morsque propinqua f   **40** bellica cum dubiis rostra dedit ratibus Z+ : cum tribuit dubiae bellica rostra rati f

Praedator cupit immensos obsidere campos,
  Ut multo innumeram iugere pascat ovem,
Cui lapis externus curae est, urbisque tumultu
  Portatur validis fulta columna iugis,
Claudit et indomitum moles mare, lentus ut intra 45
  Neglegat hibernas piscis adesse minas.
At tibi laeta trahant Samiae convivia testae
  Fictaque Cumana lubrica terra rota.
Eheu, divitibus video gaudere puellas:
  Iam veniant praedae, si Venus optat opes, 50
Ut mea luxuria Nemesis fluat utque per urbem
  Incedat donis conspicienda meis.
Illa gerat vestes tenues, quas femina Coa
  Texuit, auratas disposuitque vices:
Illi sint comites fusci, quos India torret, 55
  Solis et admotis inficit ignis equis:
Illi selectos certent praebere colores
  Africa puniceum purpureumque Tyros.

***

41 obsidere fG V² : obsistere A X+ (*cf. 4, 1, 139; Verg. Aen. 3, 400*)   **42** ut fG V² : et A X multo innumeram iugere pascat ovem *Broukhus. ex codd. et edd. vett.* : multa innumera iugera pascat ove fZ+, *Heins.* (*Advers. II 14*)   **43** cui Z+ : quid *Gebhard. ex duo Palatinis* urbisque Z+ : urbique *exc. Puccii* tumultu G V²X : tumulti A : tumultus Y   **44** fulta *Heins.* (*Advers. I 4*) : multa C, *I. H. Vossius* (v. *Clausen ad Virg. Ecl.* 1, 33) : mille Z+   **45** claudit Z+ : -at f   **47** tibi A G V²X : mihi f, *Scal.*   **49** eheu *Baehr.* (*cf. ad 1, 4, 81*) : heu heu Z+   **50** denuo inc. V veniant Z+ : -ent *Kraffert*   **53** gerat *ed. Ald. a. 1502* : -it Z+   **54** vices *Markland* (*ad Stat. Silv. 5, 2, 152*) : vias Z+ (*cf. edd. ad Hor. Art. poet. 86*)   **55** sint Z+ : sunt H fusci quos A G²V X+ : fuscae quas G   **58** *post hunc v. lac. ind. Lachmann*

Vana loquor: regnum iste tenet, quem saepe coegit
  Barbara gypsatos ferre catasta pedes. 60
At tibi dura Ceres, Nemesim qui abducis ab urbe,
  Persolvat nulla semina serta fide.
Et tu, Bacche tener, iucundae consitor uvae,
  Tu quoque devotos, Bacche, relinque lacus.
Haud impune licet formosas tristibus agris 65
  Abdere: non tanti sunt tua musta, Pater.
O valeant fruges, ne sint modo rure puellae:
  Glans alat, et prisco more bibantur aquae.
Glans aluit veteres, et passim semper amarunt:
  Quid nocuit sulcos non habuisse satos? 70
Tum, quibus aspirabat Amor, praebebat aperte
  Mitis in umbrosa gaudia valle Venus.
Nullus erat custos, nulla exclusura volentes
  Ianua: si fas est, mos precor ille redi.

59 vana *Rossbach Wunderlich secutus* : vota *Kraus* : nota Z+ (*cf. 1, 5, 67; Ovid. Am. 3, 6, 17; Her. 17, 47; Cir. 441 ex em. Heinsii*) loquor G X+ : liquor AV   quem G² (*ut vid.*), *ed. Vic. a. 1491* : qui *Puccius* (*pro v. l.*)   60 gypsatos Y (*pro v. l.*) : gipsatos rG² : bipsatos A G V X+   61 at Z+ : sit *Rossb.* : et *Postg.*   Ceres *Heins.* : seges Z+ (*cf. edd. ad Ovid. Am. 1, 15, 12*)   Nemesim G V² : -is AV X+ : -in *Scal.* : Venerem *Schrader* (*cf. 2, 5, 11; 6, 27*) qui Z+ : quae *ed. Ald. a. 1502*   abducis A G V²X+ : -it V : (quae) abduxit *Rigler*   62 serta *Luck* : terra Z+ : certa *Puccius ex codd., ut vid.* : tecta *Statius* : taetra *Watt*   66 sunt AV X+ : sint G   71 tum H : tunc Z+ (*cf. Housm. ad Lucan. 1, 490*)   73 volentes *tres Vossiani, Scal.* : dolentes Z+   74–76 *nullo intervallo coni. in* AV, *interst. unius lineae rel.* G, *lac. ind.* V²

II 3.4 55

.... 75
Horrida villosa corpora veste tegant.
Nunc si clausa mea est, si copia nulla videndi,
  Heu miserum in laxa quid iuvat esse toga?
Ducite: ad imperium dominae sulcabimus agros:
  Non ego me vinclis verberibusque nego. 80

ELEGIA 4

Hic mihi servitium video dominamque paratam:
  Iam mihi, libertas illa paterna, vale.
Servitium sed triste datur, teneorque catenis,
  Et nunquam misero vincla remittit Amor,
Et seu quid merui seu nil peccavimus, urit. 5
  Uror io: remove, saeva puella, faces.
O ego ne possim tales sentire dolores,
  Quam mallem in gelidis montibus esse lapis,

75 *lac. varie suppl. viri docti* : o utinam veteris peragrantes more puellae (*Filelfus = man. rec. in* A) : o valeant cultus et tinctae murice lanae (*Pontanus teste Puccio*) : ah pereant artes et mollia iura colendi (*T. Seneca in ed. Ven. a. 1487*) : mos precor ille redi, patientur rursus, ut olim (*codd. Heinsii et Dousae patris*)   76 tegant A G X+ : -am M, *Scal. ex coni.* : -at V : -ar *Burm. sec.*   77 nulla *Scal.* : rara Z+   78 in laxa ... toga *cod. Huschkii, Heins. ex coni.* : laxam ... togam Z+   iuvat G V X+ : -et A   80 nego Z+ : -em M

4. 1 hic M, *Scal.* : sic Z+   2 paterna G V² (*i. mg.*) : paterve A V X+   4 remittit H : remittet Z+, *Scal.* : (ut...) remittat U, *non male*   5 nil *Heins.* : quid Z+ (*cf. 1, 2, 85; 10, 5; Prop. 1, 18, 9, P. Murgatroyd, Latomus 51 (1992) 96*) urit Z+ : uror *ed. Rom. a. 1475*   7 possim Z+ : -em P

Stare vel insanis cautes obnoxia ventis,
   Naufraga quam vasti tunderet unda maris!   10
Nunc et amara dies et noctis amarior umbra est:
   Omnia nunc tristi tempora felle madent.
Nec prosunt elegi nec carminis auctor Apollo:
   Illa cava pretium flagitat usque manu.
Ite procul, Musae, si non prodestis amanti: 15
   Non ego vos, ut sint bella canenda, colo,
Nec refero Solisque vias nec qualis, ubi orbem
   Complevit, versis Luna recurrit equis.
Ad dominam faciles aditus per carmina quaero:
   Ite procul, Musae, si nihil ista valent.   20
Aut mihi per caedem et facinus sunt dona paranda,
   Ne iaceam clausam flebilis ante domum
Aut rapiam suspensa sacris insignia fanis:
   Sed Venus ante alios est violanda mihi.
Illa malum facinus suadet dominamque rapacem   25
   Dat mihi: sacrilegas sentiat illa manus.
O pereat, quicumque legit viridesque smaragdos
   Et niveam Tyrio murice tingit ovem.
Addit avaritiae causas et Coa puellis
   Vestis et e Rubro lucida concha mari.   30

   10 vasti G V² (*i. mg.*) X+ : vitrei A² (*om. A*), *Guarnerianus* : Libyci *Postg. dub.*   unda Z+ : ira *Voss. 5, Broukhus. ex codd.*   **12** nunc f (*cf. Lachm. ad Lucr. 4, 604*) : nam Z+ : iam P   **15** non Z+ : nil *Broukhus.* 'ex uno Florentino'   **17** nec refero AV X+ : neu r. G   nec qualis Y, *Heins.* : et qualis G H : (a)equalis AV X+ ubi Z+ : ut Y (*cf. Huschke ad loc., Platnauer, Lat. Eleg. Verse, p. 85*)   **18** recurrit Z+ : -at H   **21** aut M : at Z+ : a *L. Mueller*   **23** sacris ... fanis Z+ : sacris ... donis H : focis ... sacris C, *Scal. ex excerptis*   **24** alios Z+ : alias B (*a man. 1*) Q (*pro v. l.*)   **29** addit *Postg.* : hic dat Z+ : hinc dat *Guelferbyt. 3, Dousa pater* : sic dat *Heins.*   causas Z+ : stimulos '*Palatinus VI*' *teste Gebhardo*   et Coa Z+ : hinc Coa H   praebet avaritiae causas pretiosa potentum f   **30** e f Z+ : a B, *Broukhus. ex. ed. Ven. a. 1491, ut vid.*

Haec fecere malas: hinc clavim ianua sensit
   Et coepit custos liminis esse canis.
Sed, pretium si grande feras, custodia victa est,
   Nec prohibent claves, et canis ipse tacet.
Heu, quicumque dedit formam caelestis avarae   35
   Quale bonum multis addidit ille malis!
Hinc fletus rixaeque sonant, haec denique causa
   Fecit ut infamis nunc deus erret Amor.
At tibi, quae pretio victos excludis amantes,
   Diripiant partas ventus et ignis opes: 40
Quin tua tunc iuvenes spectent incendia laeti,
   Nec quisquam flammae sedulus addat aquam.
Heu veniet tibi mors, neque erit qui lugeat ullus,
   Nec qui det maestas munus in exsequias.
At bona quae nec avara fuit, centum licet annos   45
   Vixerit, ardentem flebitur ante rogum:
Atque aliquis senior veteres veneratus amores
   Annua constructo serta dabit tumulo
Et 'bene' discedens dicet 'placideque quiescas,
   Terraque securae sit super ossa levis.'   50

31 clavim *Charis., GLK I 126, 4* : -em Z+   33 victa G V²X : via H : incerta AV+   34 ipse Z+ : ipsa *Voss.* 3   36 addidit *Dresd., Broukhus. ex exc. Italicis Heinsii, Dousa pater ex coni.* : abdidit *exc. Lipsii* : at(t)ulit Z+   ille G, *Puccius* : ipse AVX+ (*cf. 1, 2, 60; Housm. ad Manil. 4, 860*)   38 nunc ... erret *Broukhus.* : hic ... esset Z+ : sic ... esset *Heins.*   40 diripiant W, *Broukhus. ex codd.* : eripiant Z+ (*cf. 1, 6, 54*)   partas G V²X : portas AV+ : positas *Guelferbyt. 1, Guyet*   41 tunc Z+ : tum C   laeti Z+ : lecti H   42 nec Z+ : neu *Puccius*   43 heu *Camps* : seu Z+   veniet A B+ : -at G V X, *Scal.*   neque erit *ed. Ald. a. 1515* : nec erit Z+ : neque sit *Dousa pater, Scal. ex coni.*   44 exsequias G V² : obs.- AVX+ (*cf. Ov. Met. 13, 687; TlL V2, 1846, 55*)   49 dicet AVX+ : -at G

Vera quidem moneo, sed prosunt quid mihi vera?
　　Illius est nobis lege colendus Amor.
Quin etiam sedes iubeat si vendere avitas,
　　Ite sub imperium sub titulumque, Lares.
Quicquid habet Circe, quicquid Medea veneni, 55
　　Quicquid et herbarum Thessala terra gerit,
Et quod, ubi indomitis gregibus Venus afflat amores,
　　Hippomanes cupidae stillat ab inguine equae,
Si modo me placido videat Nemesis mea vultu,
　　Mille alias herbas misceat illa, bibam. 60

ELEGIA 5

Phoebe, fave: novus ingreditur tua templa sacerdos:
　　Huc age cum cithara carminibusque veni.
Nunc te vocales impellere pollice chordas,
　　Nunc precor ad laudes flectere verba novas.
Ipse triumphali devinctus tempora lauro, 5
　　Dum cumulant aras, ad tua sacra veni.
Sed nitidus pulcherque veni: nunc indue vestem
　　Sepositam, longas nunc bene pecte comas,

　　51 sed prosunt quid Z+ : sed quid prosunt C *post v.* 54 *lac. stat. Castiglioni*　　55 quicquid G V X : quidquam A　　56 gerit Z+ : dedit *'vetus codex' Petrei, ed. pr. mai. a. 1472* : genit *dub. Scal.* 59 modo G V² (*i. mg.*) X+ : non A G²V　　60 alias Z+ : malas *Burm.* (*cf.* 1, 2, 53; *edd. ad Liv.* 22, 55, 3)

　　5. 3 te Z+ : me *Baehr.*　　4 laudes ... novas *Vahlen* : laudes ... mea *Lachm.* : laudis ... modos *Guelferbyt. 3* : laudes ... modos Q : laudes ... meas Z+ : laudes ... tuas B　　verba Z+ : plectra *Puccius* 6 sacra Z+ : templa Q　　7 sed Z+ : et *Baehr.*　　8 sepositam Z+ : de- P

II 4.5   59

Qualem te memorant Saturno rege fugato
   Victori laudes concinuisse Iovi.   10
Tu procul eventura vides, tibi deditus augur
   Scit bene quid fati provida cantet avis,
Tuque regis sortes, per te praesentit haruspex,
   Lubrica signavit cum deus exta notis,
Te duce Romanos nunquam frustrata Sibylla est   15
   Abdita quae senis fata canit pedibus.
Phoebe, sacras Messallinum sine tangere chartas
   Vatis, et ipse precor quid canat illa doce.
Haec dedit Aeneae sortes, postquam ille parentem
   Dicitur et raptos sustinuisse Lares.   20
(Nec fore credebat Romam, cum maestus ab alto
   Illion ardentes respiceretque deos:
Romulus aeternae nondum firmaverat urbis
   Moenia, consorti non habitanda Remo,
Sed tunc pascebant herbosa Palatia vaccas   25
   Et stabant humiles in Iovis arce casae.
Lacte madens illic suberat Pan ilicis umbrae
   Et facta agresti lignea falce Pales,
Pendebatque vagi pastoris in arbore votum,
   Garrula silvestri fistula sacra deo,   30

9 memorant Z+ : referunt C   **11** deditus H : debitus Z+, *Scal.*
15 numquam Z+ : numquam est *ed. Ald. a. 1515*   Sibylla est Z+ :
Sibylla P   **18** ipse precor Z+ : eventus *Postg. dub.* quid Q, *Muret., Heins.* : quod H : quos Z+   canat AV X+ : -it G   **20** raptos
Y, *Scal. ex coni.* : captos Z+   Lares Z+ : deos H, *Housm. ex coni.*
(*qui v.* **22** Lares *pro* deos *reposuit; cf. ad.* **42** *infra; Ov. Met. 15,*
442)   **21–38** *pro digr. habuit Lachm.* (**23–38** *iam Heyne*)   **21**
nec AV X+ : haec G   Romam Z+ : Troiam *Leo*   **22** deos Z+ : Lares *Housm.* (*cf. ad* **20; 42**)   **23** firmaverat B, *Cyllenius* : formaverat Z+ : fundaverat Y, *Muret.* (*cf. Prop. 3, 9, 50; Ovid. Her. 16,*
179; Stat. Theb. 4, 360 al.)   **25** vaccas *Wakefield* (*ad Lucr. 2,*
995) : -ae Z+   **27** umbrae Z+ : -am P : -a Y   **30** sacra Z+ : facta *Passerat ex codd.*

Fistula cui semper decrescit harundinis ordo,
   Nam calamus cera iungitur usque minor.
At qua Velabri regio patet, ire solebat
   Exiguus pulsa per vada linter aqua.
Illac saepe gregis diti placitura magistro   35
   Ad iuvenem festa est vecta puella die,
Cum qua fecundi redierunt munera ruris,
   Caseus et niveae candidus agnus ovis.)
'Impiger Aenea, volitantis frater Amoris,
   Troica qui profugis sacra vehis ratibus,   40
Iam tibi Laurentes assignat Iuppiter agros,
   Iam vocat errantes hospita terra Lares.
Illic sanctus eris, cum te veneranda Numici
   Unda deum caelo miserit Indigetem.
Ecce super fessas volitans Victoria puppes   45
   Tandem ad Troianos diva superba venit.
Ecce mihi lucent Rutulis incendia castris:
   Iam tibi praedico, barbare Turne, necem.

32 nam A V X+ : et G, *Puccius* : dum *Heins.*   **34** pulsa *Floril. Marc. 497, s. XI, Scal. ex coni.* : pulla Z+   **35** illac *Rossbach* : illaque Z+ : illa G V²   diti W, *Muret. ex. codd. Gebhardi, ut vid., Heins. ex coni.* : ditis Z+   placitura Z+ : paritura *Passerat ex codd., ed. Ven. a 1491*   magistro Z+ : -is *unus Statii*   **36** iuvenem] villam *Camps*   post festa est habent Z+, post die add. *Guyet et Broukhus. ex codd.*   post 38 *nov. eleg. inc. in* Z+ : '*eadem elegia, sed fragmentum*' *nonn. Itali, similiter Cyllenius* : *unum dist. excidisse cens. Haupt*   **40** Troica Z+ : Troia E V, *Broukhus. ex uno Bodl., fort. recte* (*cf. Prop. 4, 1, 87; Heins. ad Ovid. Her. 1, 28; Bentl. ad Hor. Carm. 3, 3, 32*)   profugis Z+ : -us E   **42** Lares Z+ : deos Q (*cf. ad vv. 20; 22 supra*)   **43** veneranda Z+ : -e *L. Mueller* ('*neque enim tam putidae eruditionis poeta est Tibullus, ut ideo dicat Numicium fluvium venerandum, quod virgines Vestales aquam sacris faciendis ex eo haurire sint solitae*'); *cf. Ov. Met. 13, 228*   **45** volitans *unus Statii* : -tat Z+   **47** Rutulis G H : rutilis A V+

II 5   61

Ante oculos Laurens castrum murusque Lavini est
  Albaque ab Ascanio condita Longa duce.   50
Te quoque iam video, Marti placitura sacerdos
  Ilia, Vestales deseruisse focos,
Concubitusque tuos furtim vittasque iacentes
  Et cupidi ad ripas arma relicta dei.
Carpite nunc, tauri, de septem montibus herbas,   55
  Dum licet: hic magnae iam locus urbis erit.
Roma, tuum nomen terris fatale regendis,
  Qua sua de caelo prospicit arva Ceres,
Quaque patent ortus et qua fluitantibus undis
  Solis anhelantes abluit amnis equos.   60
Troia quidem tunc se mirabitur et sibi dicet
  Vos bene tam longa consuluisse via.
Vera cano: sic usque sacras innoxia laurus
  Vescar, et aeternum sit mihi virginitas.'
Haec cecinit vates et te sibi, Phoebe, vocavit,   65
  Iactavit fusa sed caput ante coma.
Quicquid Amalthee, quicquid Mermessia dixit
  Herophile, Phoeto Graiaque quod monuit,

49 castrum H : castris Z+ Lavini est Z+ : Lavini H   53 vittasque P (*ex corr.*) : victasque Z+   55 de septem AVX+ : septem de G (*ut vid.*), Bodl. unus (*cf.* Platnauer, *Lat. Eleg. Verse,* p. 22, n. 1.)   58 prospicit AVX+ : re- G   59 patent Z+ : tepent Postg. *dub.* : rubent S. Allen   61s *post* 42 *pos.* Scal. tunc AVX+ : tum G, Scal.   62 longa ... via Voss. 1, Scal. *ex coni.* : -am ... -am Z+   63 laurus AVX+ : -os G, *ed. Ald. a.* 1502 (*cf.* 117 *infra*; 1, 7, 7)   64 vescar H V² (i. mg.) X+ : noscar A : noscat GV   66 fusa sed ... coma *exc.* Petrei, Scal. *ex coni.* : fusas et ... comas Z+   67 Amalthee *Heyne, dub.* : -ea AVX+ Mermessia *Salmas.* (*Exerc. Plin., p. 78*) : Marpessia Scal. *ex codd.* : marpesia Z+ : marmesia *nonn. codd. Statii*   68 Herophile *ed. Plantin. a.* 1569 : Heriphile *vel sim.* Z+ Phoeto Graiaque quod *Lachm.* : Phoebo grataque quod HY : Phoebo grata quod ad- Z+ : Phyto Graiaque quod *Huschke, Haupt* (*cf. E. Sackur, Sibyll. Texte u. Forschungen, 1898, 129; B. Cardauns, Hermes 89, 1961, 357 ss*)

Quotque Aniena sacras Tiburs per flumina sortes
   Portarat sicco pertuleratque sinu   70
(Hae fore dixerunt, belli mala signa, cometen,
   Multus et in terras deplueratque lapis
Atque tubas atque arma ferunt strepitantia caelo
   Audita et lucos praecinuisse fugam   74
Et simulacra deum lacrimas fudisse tepentes   77
   Fataque vocales praemonuisse boves   78
Ipsum etiam Solem defectum lumine vidit   75
   Iungere pallentes nubilus annus equos.)   76
Haec fuerint olim, sed tu, iam mitis, Apollo   79
   Prodigia indomitis merge sub aequoribus   80
Et succensa sacris crepitet bene laurea flammis
   Omine quo felix et satur annus erit.

69 quotque *Statius ex Laur. 33, 14, Heins. ex coni.* : quodque AVX+ : quasque G (*ex corr.*) H : quosque D   Aniena ... Tiburs *cod. Ferrarii, exc. Lipsii, Brassicanus ex coni.* : Albana ... Tiberis Z+ : Albuna ... Tiburs *Scal.*   70 portarat ... pertuleratque *Postg.* : -it ... -it *Statius ex codd., Muret. ex coni.* : -it ... perlueritque Z+   71–76 *sic dist. Dissen; de versuum ordine disp. Kalbfleisch, Hermes 78 (1943), 112s totum locum cf. cum Ov. Met. 15, 778ss.*   71 hae *Puccius, ed. pr. min. a. 1472* : haec Z+   cometen AG : -em VX+ : -ae *Postg.*   72 et Z+ : ut Q   deplueratque *Postg.* : -itque AG+ : -etque W, *Statius ex codd.* : depuleritque PV   73 atque tubas *in susp. vocavit Platnauer, Lat. Eleg. Verse, p. 79*   strepitantia Z+ (*cf. edd. ad Petron. c. 122, v. 134*) : crepitantia *Broukhus. ex codd., ed. pr. Bartol. a. 1472/73, Heins. ex coni.*   74 praecinuisse AVX+ : con- GH   75s *et* 77s *transpos. Wunderlich, Rigler, Rossbach*   76 nubilus AGX+ : nubibus V   annus GV²X : amnis AV   79 fuerint M, *Broukhus. ex coni.* : -ant Z+ : -unt D   80 *lac. post hunc v. stat. Baehr.*   81 et GV² (*i. mg.*) X+ : ut AV, *Bentl.* : en G²   crepitet Z+ : -at G², *ed. Ven. a. 1475*   82 satur *Cornelissen* : sacer Z+   erit AVX+ : eat G

II 5   63

Laurus ubi bona signa dedit (gaudete coloni),
   Distendet spicis horrea plena Ceres
Oblitus et musto feriet pede rusticus uvas,   85
   Dolia dum magni deficiantque lacus,
Ac madidus Baccho sua festa Parilia pastor
   Concinet: a stabulis tunc procul este, lupi.
Ille levis stipulae sollemnes potus acervos
   Accendet, flammas transilietque sacras,   90
Et fetus matrona dabit, natusque parenti
   Oscula comprensis auribus eripiet,
Nec taedebit avum parvo advigilare nepoti
   Balbaque cum puero dicere verba senem.
Tunc operata deo pubes discumbet in herba,   95
   Arboris antiquae qua levis umbra cadit,
Aut e veste sua tendent umbracula sertis
   Vincta, coronatus stabit et ipse calix,
Et sibi quisque dapes et festas exstruet alte
   Caespitibus mensas caespitibusque torum.   100
Ingeret hic potus iuvenis maledicta puellae,
   Postmodo quae votis irrita facta velit:

83 ubi Z+ : io *Heins. sic dist. cum nonn. edd.*   84 distendet Z+ : -tentet Y   plena Z+ : flava *Cornelissen*   86 deficiantque Z+ : -entque Q : -untque *ed. Ven. a. 1491*   87 ac Z+ : at H (*cf. Haupt, Opusc. I 109*) Parilia Z+ : Palilia *Muret. ex codd.* 89 so(l)lemnis G X+ : solemnis P : solennis V   91–94 *post* 86 *pos. Ritschl, Holzer*   92 comprensis G (*ex corr.*), *Statius ex codd., Gyraldus et Livineius ex coni.* : -pressis AV X+   93 advigilare Z+ : vigilare C   95 operata G V² (*i. mg.*) X+ : operta A : et operta V (*cf. ad 2, 3, 36*) : adoperta *cod. Lips.*   96 umbra Z+ : unda C   cadit Z+ : -et Y   97 e Z+ : cum *Cyllenius ex codd.* sua Z+ : sacris *Guelferbyt. 3a sec. man., Cyllenius ex codd.*   98 ipse Z+ : ante C   99 et H : aut G : at AV X+   exstruet G²H : -at Z+

Nam ferus ille suae plorabit sobrius idem
   Et se iurabit mente fuisse mala.
Pace tua pereant arcus pereantque sagittae,   105
   Phoebe, modo in terris erret inermis Amor.
Ars bona: sed postquam sumpsit sibi tela Cupido,
   Eheu, quam multis ars dedit ista malum!
Et mihi praecipue: iaceo dum saucius annum
   Et faveo morbo quem iuvat ipse dolor,   110
Usque cano Nemesim, sine qua versus mihi nullus
   Verba potest iustos aut reperire pedes.
At tu (nam divum servat tutela poetas)
   Praemoneo, vati parce, puella, sacro,
Ut Messallinum celebrem cum, praemia belli,   115
   Ante suos currus oppida victa ferent,
Ipse gerens laurus, lauro devinctus agresti,
   Miles 'io' magna voce 'Triumphe' canam.
Tunc Messalla meus pia det spectacula turbae
   Et plaudat curru praetereunte pater.   120
Annue: sic tibi sint intonsi, Phoebe capilli,
   Sic tua perpetuo sit tibi casta soror.

   103 nam A V X+ : iam G   **104** *post hunc v. nonnulla intercidisse susp. Baehr.*   **105** pereant arcus Z+ : pereantque arcus *Broukhus. ex libro Sfortiae*   **108** eheu *Puccius* (*cf. ad 1, 4, 81; 6, 10; 2, 3, 2; 3, 19, 17*) heu heu Z+   ista A V X+ : illa G : ipsa B   **109** iaceo *Guelferbyt. 3* (*ssc.*), *Scal. ex coni.* : taceo Z+   dum *Statius, Heyne* : cum Z+ : qui *unus Vossii* : iam *Wisser*   **110** faveo morbo Z+ : foveo morbus Y (*pro v.l.*) quem *scripsi* (*cf. 4, 5, 5*) quom Q : cum Z+ : tam M, *Passerat ex codd.* : dum *Statius* : nam *Wisser* : quod *Rigler*   **111** usque Z+ : vixque *ed. Ald. a. 1515*   **112** reperire A X+ : repperisse G V   **115** ut Z+ : et P   **116** ferent A V² X+ : feret G : forent V : geret H   **117** laurus A V X+ : -os G (*cf. supra* 63)   **118** canam *Scal. ex coni.* : canet Z+   **119** tunc Z+ : tum P   **120** pater A V X+ : parens G   **122** perpetuo G V² : -a A V X+

ELEGIA 6

Castra Macer sequitur: tenero quid fiet Amori?
   Sit comes et collo fortiter arma gerat?
Et seu longa virum terrae via seu vaga ducent
   Aequora, cum telis ad latus ire volet?
Ure, puer, quaeso, tua qui ferus otia liquit,   5
   Atque iterum erronem sub tua signa voca.
Quod si militibus parces, erit hic quoque miles,
   Ipse levem galea qui sibi portet aquam.
Castra peto, valeatque Venus valeantque puellae:
   Et mihi sunt vires, et mihi grata tuba est.   10
Magna loquor, sed magnifice mihi magna locuto
   Excutiunt clausae fortia verba fores.
Iuravi quotiens rediturum ad limina nunquam!
   Cum bene iuravi, pes tamen ipse redit.
Acer Amor, fractas utinam, tua tela, sagittas,   15
   Si licet, exstinctas aspiciamque faces!
Tu miserum torques, tu me mihi dira precari
   Cogis et insana mente nefanda loqui.
Iam mala finissem leto, sed credula vitam
   Spes fovet et fore cras semper ait melius.   20

   6. 2 sit Z+ : si Q   gerat Z+ : ferat Q   3 terr(a)e AV X+ : terret G V²   4 ire Z+ : ille *Muret.* : usque *Heins.*   5 liquit Z+ : linquit Q   6 erronem A G X+ : errorem V   signa AV X+ : lustra G   8 levem AV X+ : levi G   portet A G X+ : portat G²V : potet Y (*man. rec.*), *ed. Ven. a. 1491*   10 grata *Muret. ex codd.* : laeta *Postg.* : flata *Cornelissen* : facta Z+   11 magna locuto Z+ : verba locuto H   12 fortia Z+ : grandia *Heins. ex Italicis*   16 si licet Y, *Muret. ex coni.* : scilicet Z+ : i licet *Broukhus. ex cod. Schefferi* (*i.e. Upsaliensi*), *Heins. ex coni.*   17 dira Z+ : dura Y   19 finirent multi leto mala f, *Scal.* finissem Z+ : fovissem D   20 fore cras semper ait melius Z+ : melius cras fore semper a(g)it fG² (*i. mg.*) : semper cras fore ait melius *ed. pr. min. a. 1472*

66   ALBII TIBULLI CARMINA

Spes alit agricolas, Spes sulcis credit aratis
   Semina, quae magno faenore reddat ager:
Haec laqueo volucres, haec captat arundine pisces,
   Cum tenues hamos abdidit ante cibus:
Spes etiam valida solatur compede vinctum: 25
   (Crura sonant ferro, sed canit inter opus)
Spes facilem Nemesim spondet mihi, sed negat illa.
   Ei mihi, ne vincas, dura puella, deam.
Parce, per immatura tuae precor ossa sororis:
   Sic bene sub tenera parva quiescat humo.   30
Illa mihi sancta est, illius dona sepulcro
   Et madefacta meis serta feram lacrimis:
Illius ad tumulum fugiam supplexque sedebo
   Et mea cum muto fata querar cinere.
Non feret usque suum te propter flere clientem: 35
   Illius ut verbis, sis mihi lenta veto,
Ne tibi neglecti mittant mala somnia Manes,
   Maestaque sopitae stet soror ante torum,
Qualis ab excelsa praeceps delapsa fenestra
   Venit ad infernos sanguinolenta lacus.   40
Desino, ne dominae luctus renoventur acerbi:
   Non ego sum tanti, ploret ut illa semel,
Nec lacrimis oculos digna est foedare loquaces:
   Lena nocet nobis, ipsa puella bona est.

21 spes sulcis f r A V X+ : et sulcis G   credit aratis A G V+ : credit aratris X : credita ratis r   **22** reddat A G X+ : -it Q : -et B   **23** s *desunt in 'codice vetusto' Ferrarii (propter homoearchon, ut opinor), spurios duxerunt Heyne, L. Mueller*   **24** abdidit Z+ : subdidit *Heins. ex coni.* ante Z+ : arte *Burm. Sec.*   **28** ei Z+ : hei H   dura Z+ : bella G, *unus Statii* : lenta *cod. Laudi (i.e. Oxon. Laud. Lat. 78, a. 1460 scr.)*   **30** tenera Z+ : tenui *Santen ex coni.*   quiescat Z+ : -it P : -et Q   **32** feram G V² : geram H : ferant A V X+   **36** ut *del. Rigler*   **37** ne Z+ : nec P : non Q   mala Z+ : nova *Broukhus. ex uno Statii*   **41** desino Z+ : -e *Colbertinus, ed. pr. mai. a. 1472 (cf. Heins. et Kenney ad Ov. Her. 18, 203)*

Lena vetat miserum recipi furtimque tabellas 45
   Occulto portans itque reditque sinu:
Saepe, ego cum dominae dulces a limine duro
   Agnosco voces, haec negat esse domi:
Saepe, ubi nox promissa mihi est, languere puellam
   Nuntiat aut aliquas extimuisse minas. 50
Tunc morior curis, tunc mens mihi perdita fingit,
   Quisve meam teneat, quot teneatve modis:
Tunc tibi, lena, precor diras: satis anxia vives,
   Moverit e votis pars quotacumque deos.

45 vetat Z+ : necat G², *Pontanus ex coni.* : vocat *Lachm.* recipi *exc. Petrei et Pocchi* : Phryne *Muret. ex coni.* : phirne *vel sim.* Z+   **46** itque G V² : tuncque A X+   **47** duro Q : diro Z+   **49** promissa mihi est G V² X : mihi promissa est AV+   **51–53** tunc ... tunc ... tunc Z+ : tum ... tum ... tum Q   **51** mihi Z+ : mea *Statius ex codd., ed. Ven. a. 1491*   **53** vives *Withof, Valckenar., Hoeufft ex coni.* : -as Z+ (*cf. 1, 6, 53*)   **54** *post hunc v. lac. stat.* Goold

ALBII TIBULLI
LIBER TERTIUS

ELEGIA 1

Martis Romani festae venere Kalendae
  (Exoriens nostris hinc fuit annus avis),
Et vaga nunc crebra discurrunt undique pompa
  Perque vias urbis munera perque domos.
Dicite, Pierides, quonam donetur honore 5
  Seu mea, seu fallor, cara Neaera tamen.
'Carmine formosae, pretio capiuntur avarae:
  Gaudeat, ut digna est, versibus illa tuis.
Lutea sed niveum involvat membrana libellum
  Pumex cui canas tondeat ante comas, 10
Summaque praetexat tenuis fastigia charta,
  Indicet ut nomen littera picta tuum,

Vincentius Bellovacensis et cod. Nostradamensis 188 (= Paris. lat. 17903, saec. XIII) quoscumque versus ex hoc libro petitos citant, libro secundo adscribunt

   1. 2 hinc *Bern., Scal. ex Cui.* : hic Z+   3 crebra *Lachm. (ad Prop., p. 164)* : certa Z+ *fort. leg.* densa (*cf. Ov. Met.* 15, 691)   7–14 *Musis dederunt Muret., Postg.*   7 avar(a)e Z+ : -i f   8 tuis *Muret.* (*cf.* 3, 4, 57) : meis Z+ : novis *Postg.*   10 pumex cui *Huschke* : pumex et (*i.r.*) G², *codd. Heinsii, Muret.* : pumicet et Z+   11 praetexat G : protexit AV : protexat V²X   tenuis Z+ : philyris *Barth. dub.* : titulus *Birt (Das antike Buchwesen, p. 67)*   charta *Becker* : carta D : c(h)art(a)e Z+   12 picta *Livineius* : pacta *Tuscanella, ed. Basil. a. 1569* : rubra *Némethy* : facta Z+   tuum Z+ : meum *Guelferbyt.* 3 (*pro v.l.*) : suum I²

Atque inter geminae pingantur cornua frontes:
   Sic etenim comptum mittere oportet opus.'
Per vos, auctores huius mihi carminis, oro   15
   Castaliamque undam Pieriosque lacus,
Ite domum cultumque illi donate libellum,
   Sicut erit: nullus defluat inde color.
Illa mihi referet, sit nostri mutua cura
   An minor, an toto pectore deciderim.   20
Sed primum meritam larga donate salute
   Atque haec submisso dicite verba sono:
'Haec tibi vir quondam, nunc frater, casta Neaera,
   Mittit et accipias munera parva rogat,
Teque suis iurat caram magis esse medullis,   25
   Sive sibi coniunx sive futura soror.
Sed potius coniunx: huius spem nominis illi
   Auferet extincto pallida Ditis aqua.'

13 inter Z+ : intra *Blümner* geminae *Wunderlich* : -as Z+ **14** etenim Z+ : etiam *Guelferbyt. 1 et 4* **15** per vos G X+ : parvos A V **16** Castaliamque undam G² (*cf. Valgius fr. 2; Ov. Met 15, 319*) : C. umbram *Floril. Marc. s. XI*, G V² : Castaliamque umbrosam A V **18** erit Z+ : -at P (*ante corr.*) **19** referet Z+ : -at *Guelferbyt. 1 et 4* sit nostri mutua cura *A. G. Lee (Proc. Cambr. Philol. Soc. 5, 1958/9, 21)* : si nostri mutua cura est Z+ **20** an minor A V X+ : an maneam G **21** primum meritam G V² : p. meritum A V X : p. nympham *ed. Ven. a. 1475* larga Z+ : longa C, *Scal.* **25** caram A V X+ : -um G **26** sibi G V² : tibi A V X+

ELEGIA 2

Qui primus caram iuveni carumque puellae
   Eripuit iuvenem, ferreus ille fuit.
Durus et ille fuit, qui tantum ferre dolorem,
   Vivere et erepta coniuge qui potuit.
Non ego firmus in hoc, non haec patientia nostro   5
   Ingenio: frangit fortia corda dolor.
Nec mihi vera loqui pudor est vitaeque fateri
   Tot mala perpessae taedia nota meae.
Ergo cum tenuem fuero mutatus in umbram
   Candidaque ossa super nigra favilla teget,   10
Ante meum veniat longos incompta capillos
   Et fleat ante meum maesta Neaera rogum.
Sed veniat carae matris comitata dolore:
   Maereat haec genero, maereat illa viro.
Praefatae ante meos Manes animamque recentem   15
   Perfusaeque pias ante liquore manus,
Pars quae sola mei superabit corporis, ossa
   Incinctae nigra candida veste legant
Et primum annoso spargant collecta Lyaeo,
   Mox etiam niveo fundere lacte parent,   20

---

2. 1 primus Z+ : -um *ed. Ald. a. 1502*   carumque Z+ : -ve H   3 durus et Z+ : ferreus *ed. Ald. a. 1502* : durior *Hoeufft, fort. recte*   5 non haec patientia nostro Z+ : non haec patiemur ex aequo *Petr. 'ex antiquis', ed. pr. mai. a. 1472*   7 nec ... vera Z+ : haec ... verba Q (*ut vid.*)   8 nota G V² : nata A V X   9 ergo cum A G V X+ : ergo ego cum V² (*i. mg.*)   10 super G : supra A V+   15 recentem *Bach, Postg.* (*cf. Ov. Met. 8, 488; 15, 846*) : rogatae A G² V X+ : togatae G : precatae Y (*pro v. l.*), *Broukhus. ex codd.*   17 quae A G V : quoque V² (*i. mg.*) X   18 legant I², *Muret.* : -ent Z+   19 spargant *Zwiccaviensis 2 ap. Heyne–Wunderlich, edd. a Mureto usque ad Lachm.* : spargent Z+

III 2.3

Post haec carbaseis umorem tollere velis
    Atque in marmorea ponere sicca domo.
Illuc quas mittit dives Panchaia merces
    Eoique Arabes, dives et Assyria,
Et nostri memores lacrimae fundantur eodem: 25
    Sic ego componi versus in ossa velim.
Sed tristem mortis demonstret littera causam
    Atque haec in celebri carmina fronte notet.
'Lygdamus hic situs est: dolor huic et cura Neaerae,
    Coniugis ereptae, causa perire fuit.'   30

ELEGIA 3

Quid prodest caelum votis implesse, Neaera,
    Blandaque cum multa tura dedisse prece,
Non ut marmorei prodirem e limine tecti,
    Insignis clara conspicuusque domo
Aut ut multa mei renovarent iugera tauri   5
    Et magnas messes terra benigna daret,
Sed tecum ut longae sociarem gaudia vitae
    Inque tuo caderet nostra senecta sinu

    21 velis I², *tres Vossiani ap. Huschke* : ventis Z+ : vittis *Colbertinus*   23 illuc *Passerat ex coni., ut vid.* : illic Z+   24 dives Z+ : pinguis R, *Muret., fort. recte*   27 causam A V X+ : casum G   29 cura E G² (*ut vid.*), *Puccius* : cara G V² (*i. mg.*) : causa A V X+ Neaerae *Muret.* : neera Z+

    3.   1 votis Z+ : flammis *Voss. 3*   2 blandaque cum multa Z+ : multaque cum blanda *Bergk*   dedisse Z+ : tulisse B   7 sociarem G : -ent A V X+ : satiarem *Scal. ex ed. Ven. a. 1493*

Tum cum permenso defunctus tempore lucis
   Nudus Lethaea cogerer ire rate?   10
Nam grave quid prodest pondus mihi divitis auri,
   Arvaque si findant pinguia mille boves,
Quidve domus prodest Phrygiis innixa columnis,
   Taenare sive tuis, sive Caryste tuis,
Et nemora in domibus sacros imitantia lucos   15
   Aurataeque trabes marmoreumque solum,
Quidve in Erythraeo legitur quae litore concha
   Tinctaque Sidonio murice lana iuvat,
Et quae praeterea populus miratur? in illis
   Invidia est: falso plurima vulgus amat.   20
Non opibus mentes hominum curaeque levantur:
   Nam Fortuna sua tempora lege regit.
Sit mihi paupertas tecum iucunda, Neaera:
   At sine te regum munera nulla volo.
O niveam, quae te poterit mihi reddere, lucem!   25
   O mihi felicem terque quaterque diem!
At si, pro dulci reditu quaecumque voventur,
   Audiat aversa non meus aure deus,
Nec me regna iuvant nec Lydius aurifer amnis
   Nec quas terrarum sustinet orbis opes.   30

      9 tum cum *duo Statii* : tunc cum Z+ : tunc quom H   permenso Z+ : permensae E (*ex corr.*), *Vaticanus Statii* : praemensae *ed. Ald. a. 1502*   tempore Z+ : -a *ed. Ald. a. 1502*   **11** quid prodesse potest pondus grave divitis auri f   **12** findant Z+ : scindant P   **14** cariste G V² : thariste A X+   **17** in erit(h)reo Z+ *multis modis corruperunt alii codd.* legitur qu(a)e f G V² (*i. mg.*) : legitur quae in B X : legiturque A V   **20** invidia est f G², *Pontanus teste Puccio* : invida quae A (i. ras.) G (*ut vid.*) V X+   **21** hominum f r G V² (*i. mg.*) X : homini A G² V : -is E   **22** nam f Z+ : nec r   regit f G : gerit r A V X+   **23** sit Z+ : sed Y   **24** at G V²+ : et A V X : si *Heins.*   **28** aversa H V² : adversa A V X+ (*cf. edd. ad Prop. 4, 1, 73; Ov. Her. 7, 4*)   **29** nec A V X+ : non f G   iuvant f A V X+ : -ent G (*ex corr.*)*, Puccius, ed. Ald. a. 1515*

Haec alii cupiant: liceat mihi paupere cultu
    Securo cara coniuge posse frui.
Adsis et timidis faveas, Saturnia, votis,
    Et faveas concha, Cypria, vecta tua.
At si fata negant reditum tristesque Sorores,   35
    Stamina quae ducunt quaeque futura neunt,
Me vocet in vastos amnes nigramque paludem
    Dis et in ignavam luridus Orcus aquam.

ELEGIA 4

Di meliora ferant, nec sint insomnia vera
    Quae tulit hesterna pessima nocte quies.
Ite procul vani falsumque avertite visus:
    Desinite in nobis quaerere velle fidem.
Divi vera monent, venturae nuntia sortis   5
    Vera monent Tuscis exta probata viris:
Somnia fallaci ludunt temeraria nocte
    Et pavidas mentes falsa timere iubent

---

    32 securo vitae munere f   35 at G^2 (*ut vid.*) P : aut AV X+ tristesque Z+ : trinaeque *Heins. dub.* : triplicesque *S. Allen*   36 neunt Z+ : canunt *Heins.* (*ad Ov. Her.* 17, 194) *ex coni.* : regunt *Dissen*   38 Dis et in *Ayrmann* : ditis in *nonn. codd. Statii*, '*vetus codex*' *Heinsii* : ditis et W, *Heins.* : Ditis ab *L. Mueller* : divus et *dell' Era* : dives in Z+ ignavam ... aquam *Ayrmann* : ignava ... aqua Z+ : ignaram ... a. *ed. Ven. a.* 1485

    4. 1 insomnia D : mihi somnia Z+ : mea somnia *Guelferbyt.* 3   2 hesterna Z+ : externa P : extrema *Scal. ex Cuiaciano recentiore*   pessima Z+ : proxima P   3 vani falsumque ... visus *A. G. Lee* : vani (A G+) falsique ... visus *L. Bolle* : vanum falsumque ... visum V^2 (*i. mg.*) X   4 nobis *Guyet* : vobis *Scal. ex coni.* : votis Z+ : somnis *cod. Ferrarii*

74 CARMINA ALBIO TIBULLO ADSCRIPTA

Et natum in curas hominum genus omina noctis
   Farre pio placant et saliente sale.   10
Et tamen, utcumque est, sive illis vera moneri,
   Mendaci somno credere sive volent,
Efficiat vanos noctis Lucina timores
   Et frustra immeritum praetimuisse velit,
Si mea nec turpi mens est obnoxia facto   15
   Nec laesit magnos impia lingua deos.
Iam Nox aetherium nigris emensa quadrigis
   Mundum caeruleas laverat amne rotas,
Nec me sopierat menti deus utilis aegrae
   Somnus: sollicitas deserit ille domos.   20
Tandem, cum summo Phoebus prospexit ab ortu,
   Pressit languentis lumina sera quies,
Hic iuvenis casta redimitus tempora lauro
   Est visus nostra ponere sede pedem.
Non vidit quicquam formosius ulla priorum   25
   Aetas, heroum nec tulit ulla domus.

9 et A V X+ : at G   natum in curas *Muret. 'ex vetere libro', ed. Vic. a. 1481* : natum maturas AV : vanum ventura G V² (i. mg.) X : vanum metuens G² : vatum metuens *unus Heinsii*   omina A X+ : omnia G V   **10** placant A G² V+ : placent *ed. Lips.* : placeant G X (*ortum ex* placăˇnt)   **11** et Z+ : sed *Guyet ex Thuaneo* utcumque A G V+ : utrumque X illis *Dissen* : illi Z+ moneri Z+ : monenti G (*ex corr.*) Q   **12** volent Z+ : velint E : solent *Postg.* **14** praetimuisse M W, *Gebhard. ex coni.* : pertimuisse A (*man. rec.*) G V : pertinuisse A   **15** si Z+ : sic Q   **17** aetherium G : -eum A V X+   emensa D V² (*i. mg.*) : emersa A V X+ : dimensa G, *Florentinus Statii* (*cf. Ov. Met. 15, 186*)   **18** caeruleas *Scal. ex cod.* : -eo Z+ : Lethaeo *Guelferbyt. 3 (pro v.l.)*   **19** menti sopor utilis aegrae est f   **20** deserit ille *scripsi, Heins.* (*ad Ov. Met. 2, 382*) *et Broukhus. secutus* : deficit ante Z+   **21** summo ... ab ortu Z+ : summa ... ab Oeta *Markl.* (*ad Stat. Silv. 2, 2, 45*)   **22** sera Z+ : fessa C : victa H   **25** vidit *Heyne* : illo Z+   **26** heroum nec tulit ulla domus *Lachm.* : humanum nec videt illud opus Z+

Intonsi crines longa cervice fluebant,
   Stillabat Syrio murrea rore coma.
Candor erat, qualem praefert Latonia Luna,
   Et color in niveo corpore purpureus, 30
Ut iuveni primum virgo deducta marito
   Inficitur teneras ore rubente genas,
Ut, cum contexunt amarantis alba puellae
   Lilia, ut autumno candida mala rubent.
Ima videbatur talis alludere palla: 35
   Namque haec in nitido corpore vestis erat.
Artis opus rarae, fulgens testudine et auro,
   Pendebat laeva garrula parte lyra.
Hanc primum feriens plectro modulatus eburno,
   Felices cantus ore sonante dedit. 40
Sed postquam fuerant digiti cum voce locuti,
   Edidit haec dulci tristia verba modo.
'Salve, cura deum: casto nam rite poetae
   Phoebusque et Bacchus Pieridesque favent:
Sed proles Semeles Bacchus doctaeque Sorores 45
   Dicere non norunt, quid ferat hora sequens:
At mihi fatorum leges aevique futuri
   Eventura pater posse videre dedit.

28 stillabat Z+ : spirabat W   Syrio *Bern., Broukhus.* 'ex emendatione doctorum virorum' : Tyrio Z+ (*cf. ad 3, 6, 63*)   myrrea G², *Muretus ex codd., Némethy ex coni.* (*cf. Hor. Carm. 3, 14, 22*) : mirtea A G V : myrthea X (*scriptionem* murrea *vel* myrrhea *agnoscunt lexica*)   32 rubente Z+ : nitente *Baehr.*   33 ut C : aut *Puccius* : et Z+   amarantis Z+ : amaracis *ed. pr. Bartol. a. 1472*   34 ut *Broukhus. ex coni.* : et Z+   35 alludere *Cyllenius ex cod.* : inludere Z+   39 hanc Z+ : hac *Heyne, fort. recte*   feriens *Burm.* : veniens Z+   41 fuerant Z+ : *fort. leg.* fuerunt (*vide Fr. Jacobs. ap. Lachm., p. 44*)   42 dulci tristia *Bern., Broukhus. ex coni.* : tristi dulcia Z+   modo Z+ : sono D   45 Semeles H : -is G : -(a)e A V X+ (*cf. ad 1, 2, 54; Housm. ad Manil. 4, 469*)   47 (a)evique A X+ : cuique V : cuiusque G V²

Quare, ego quae dico non fallax, accipe, vates,
　　Quamque deus vero Cynthius ore ferar.　　　　　　　50
Tantum cara tibi, quantum nec filia matri,
　　Quantum nec cupido bella puella viro,
Pro qua sollicitas caelestia numina votis,
　　Quae tibi securos non sinit ire dies,
Et, cum te fusco Somnus velavit amictu,　　　　　　　55
　　Vanum nocturnis fallit imaginibus,
Carminibus celebrata tuis formosa Neaera
　　Alterius mavult esse puella viri,
Diversasque tuis agitat mens impia curas,
　　Nec gaudet casta nupta Neaera domo.　　　　　　　60
A crudele genus nec fidum femina nomen!
　　A pereat, didicit fallere siqua virum!
Sed flecti poterit (mens est mutabilis illis):
　　Tu modo cum multa brachia tende prece.
Saevus Amor docuit validos temptare labores,　　　　65
　　Saevus Amor docuit verbera posse pati.
Me quondam Admeti niveas pavisse iuvencas
　　Non est in vanum fabula ficta iocum:
Tunc ego nec cithara poteram gaudere sonora
　　Nec similes chordis reddere voce sonos,　　　　　70
Sed permulcenti cantum meditabar avena
　　Ille ego Latonae filius atque Iovis.
Nescis quid sit amor, iuvenis, si ferre recusas
　　Immitem dominam coniugiumque ferum.

50 quamque *Postg.* : quodque G Q : quidque A V X+ ferar *Postg.* : feram *Broukh. ex coni.* : ferat Z+ : feret I　　59 tuis W, *Lipsius ex coni.* : suis *Muret.* : suas Z+　　60 neera H : nerea Z+　　63 illis A V X+ : illi/ G : illi B　　64 prece G V², *Broukh. ex codd.* : fide A, *Muret. ex codd.*　　65 hic incepisse videtur F (= *fragm. Cuiacianum*), *v. om.* Z+ (*lacunam postea ind.* A), *habet* W, *agnoscunt Puccius et Petreius in exc., restituit Scal. ex* F, *varie suppleverunt Itali, e.g.* flere nec ante pedes pudeat dominamque vocare (*Pontanus*)　　66 posse r Z+ : saeva F　　67 niveas ... iuvencas Z+ : -os ... -os Q　　69 sonora Z+ : canora *nescio quis*　　71 permulcenti *Huschke* : perlucenti Z+ : praeludenti F. *Navarro dub.* cantum Z+ : cantus Q : carmen P

Ergo ne dubita blandas adhibere querelas: 75
   Vincuntur molli pectora dura prece.
Quod si vera canunt sacris oracula templis,
   Haec illi nostro nomine dicta refer:
Hoc tibi coniugium promittit Delius ipse:
   Felix hoc alium desine velle virum.' 80
Dixit et ignavus defluxit corpore somnus.
   A ego ne possim tanta videre mala!
Nec tibi crediderim votis contraria vota
   Nec tantum crimen pectore inesse tuo:
Nam te nec vasti genuerunt aequora ponti 85
   Nec flammam volvens ore Chimaera fero
Nec canis anguinea redimitus terga caterva,
   Cui tres sunt linguae tergeminumque caput,
Scyllaque virgineam canibus succincta figuram,
   Nec te conceptam saeva leaena tulit, 90
Barbara nec Scythiae tellus horrendave Syrtis,
   Sed culta et duris non habitanda domus
Et longe ante alias omnes mitissima mater
   Isque pater quo non alter amabilior.
Haec deus in melius crudelia somnia vertat 95
   Et iubeat tepidos irrita ferre Notos.

80 hoc *Muret. ex 'veteri libro', Scal. ex* F : ac Z+ : ergo *exc. Petrei et Lipsii*   81 corpore Z+ : pectore *Scal. ex ed. Ald. a. 1502*   82 ha A : ah GVX (*cf.* 3, 17, 3; *TlL* V 2, 272, 62s) ne AVX+ : non G possim AVX+ : -um G   83 nec tibi Z+ : non ego *Thuaneus, duo Statii* votis Z+ : nostris *Heyne–Wunderlich, satis eleganter*   84 pectore Z+ : -i HV², *Scal.*   87 canis anguinea G V² (*i. mg.*) X : canis anguina *Postg. Wunderl. secutus* : consanguinea AV+ (*cf. Cat.* 64, 193; *Prop.* 4, 8, 10; *Ov. Tr.* 4, 7, 12 *ex em. Bentl.*)   89 Scyllaque Z+ : -ve *Heyne ex Bernensi* succincta *Scal. ex* F, *cf. Tränkle (1990) ad loc.* : submixta Z+ : commixta *Cyllenius* : commissa *Heins.* (*cf. Verg. Ecl.* 6, 75; *Ciris* 59)   92 duris Z+ : diris *ed. Ven. a. 1491*   93 alias Z+ : -os *Scal. ex ed. pr. min. a. 1472*   96 irrita *ed. pr. min. a. 1472* : impia Z+ (*cf.* 3, 6, 50)

ELEGIA 5

Vos tenet, Etruscis manat quae fontibus unda,
    Unda sub aestivum non adeunda Canem,
Nunc autem sacris Baiarum proxima lymphis,
    Cum se purpureo vere remittit humus.
At mihi Persephone nigram denuntiat horam: 5
    Immerito iuveni parce nocere, dea.
Non ego temptavi nulli temeranda virorum
    Audax laudandae sacra docere deae,
Nec mea mortiferis infecit pocula sucis
    Dextera nec cuiquam taetra venena dedit,   10
Nec nos sacrilegos templis admovimus ignes,
    Nec cor sollicitant facta nefanda meum,
Nec nos insana meditantes iurgia mente
    Impia in aversos solvimus ora deos:

5. 1 vos B G² V² : nos Z+   fontibus Z+ : montibus Q², *Voss. 1, 5*   3 proxima *Scioppius, Heins. ex coni.* : maxima Z+   4 humus Z+ : hiems *Scal. ex ed. Ald. a. 1502*   5 at Z+ : ah B horam Z+ : iram H   7 virorum E W, *Scal. ex Cuiac. rec. in quo* deor virorum : deorum Z+ : piorum *exc. Colotii* : reorum *Sandbach*   8 laudandae Z+ : celandae *exc. Petrei, Broukhus. ex uno Vaticano* sacra docere Z+ : sacra movere *Voss. 2* : sacra subire *Heins.* : noscere sacra *Heyne*   10 taetra G², *unus Statii, Scal. ex coni.; vide Watt, Maia 43 (1991) 15 (cf. Dirae 23)* : trita F *teste Scal. in Castig.* : certa Z+   11 sacrilegos G : sacrilegi *Scal. ex Cui., ed. Rom. a. 1475* : -is A V X+ admovimus G² Q amovimus Z+   ignes G², *ed. Rom. a. 1475* : (a)egros A G V+ : agros H X   12 sollicitant pectus facta nefanda reum f   13 insana ... mente *Lipsius* : insanae ... mentis Z+ : insanae ... linguae Q   meditantes G : -is A V X+   14 aversos *Broukhus. ex coni.* : adversos Z+

III 5

Et nondum cani nigros laesere capillos, 15
  Nec venit tardo curva senecta pede.
Natalem primo nostrum videre parentes,
  Cum cecidit fato consul uterque pari.
Quid fraudare iuvat vitem crescentibus uvis
  Et modo nata mala vellere poma manu? 20
Parcite, pallentes undas quicumque tenetis
  Duraque sortiti tertia regna dei.
Elysios olim liceat cognoscere campos
  Lethaeamque ratem Cimmeriosque lacus,
Cum mea rugosa pallebunt ora senecta 25
  Et referam pueris tempora prisca senex.
Atque utinam vano nequiquam torrear aestu,
  Languent ter quinos sed mea membra dies.
At vobis Tuscae celebrantur numina lymphae
  Et facilis lenta pellitur unda manu. 30
Vivite felices, memores et vivite nostri,
  Sive erimus seu nos fata fuisse volent.
Interea nigras pecudes promittite Diti
  Et nivei lactis pocula mixta mero.

15 et nondum Z+ : saepe quidem f   16 tardo Z+ : tacito f
17 primo nostrum Z+ (cf. Ov. Met. 15, 106; 212) : nostri primum
Broukhus. ex C : primo nostri D   21 undas Z+ : umbras H
(cf. 1, 10, 38; 3, 1, 28; TlL X 1, 124, 76–125, 17)   22 duraque
Z+ : diraque *Housm.*   27 nequiquam *edd. recc.* : necquicquam
A G (*ut vid.*) : nec quicquam V   torrear H, *ed. pr. min. a. 1472* :
terrear Z+   28 sed Z+ : iam *Guelferbyt. 3*   29 at G V² X :
atque A V   vobis G V² (*i. mg.*) : nobis A V X+ : (atque) mihi *ed. Rom.
a. 1475*   numina A G V+ : lumina X : flumina *Heins.*   lymphae
A G X+ : nymphae H V (*ante corr.*)   31 et A V X+ : at G : sed *ed.
pr. min. a. 1472*   32 volent H, *unus Statii, cf. Prop. 1, 14, 14* :
velint Z+

ELEGIA 6

Candide Liber, ades (sic sit tibi mystica vitis
   Semper, sic hedera tempora vincta geras),
Affer et ipse merum, Pater, et medicare dolorem:
   Saepe tuo cecidit munere victus amor.
Care puer, madeant generoso pocula Baccho   5
   Et nobis prona funde Falerna manu.
Ite procul, durum curae genus, ite labores:
   Fulserit hic niveis Delius alitibus.
Vos modo proposito dulces faveatis amici
   Neve neget quisquam me duce se comitem   10
Aut, si quis vini certamen mite recuset,
   Fallat eum tecto cara puella dolo.
Ille facit mites animos deus, ille ferocem
   Contudit et dominae misit in arbitrium
Armeniasque tigres et fulvas ille leaenas   15
   Vicit et indomitis mollia corda dedit.
Haec Amor et maiora valet. sed poscite Bacchi
   Munera: quem vestrum pocula sicca iuvant?

     6. 1 vitis G X : victis A V   2 semper sic hedera Z+ : sic hedera semper H tempora Z+ : cornua *Statius in suis habuisse videtur* geras G H : feras A V X+   3 adfer *Wacker* : aufer Z+ merum *Wacker* : metum P : meum Z+ pater et medicare *Wacker* : pariter medicando Z+ : patera medicante *Waardenburg*   4 munere Z+ : numine *Guelferbyt. 3 (pro v.l.)*   6 et Z+ : en *L. Mueller* : iW, *Scal. ex coni.*   7 durum curae A V X+ : dirum curae G : curae durum f   8 fulserit $G^2 H V^2$: fulxerit G : pulserit A V X+ hic niveis Delius Z+ : Idaliis hic Venus *Housman* : hic niveis Euhius *Baehr.*   11 aut Z+ : at H recuset H, *Scal. ex ed. Ald. a. 1502* : -at Z+   13 mites *exc. Lipsii* : dites Z+ ferocem A V X+ : -es f G   14 contudit A G V^2 X+ : -tulit V   15 Armeniasque Q : Armenias G : Armenas A V+ : Armeniae *Broukhus. ex coni.* fulvas ... leaenas Z+ : fulvos ... leones *nonn. codd.*   17 valet E, *Broukhus. ex uno, Fruterius ex coni.* : volet Z+

Convenit ex aequo nec torvus Liber in illos
   Qui se quique una verba iocosa colunt: 20
At venit iratus nimium nimiumque severis:
   Qui timet irati numina magna, bibat.
Quales his poenas deus hic quantasque minetur,
   Cadmeae matris praeda cruenta docet.
Sed procul a nobis hic sit timor, illaque, siqua est 25
   Quid valeat laesi sentiat ira dei.
Quid precor a demens? venti temeraria vota
   Aeriae et nubes diripienda ferant.
Quamvis nulla mei superest tibi cura, Neaera,
   Sis felix et sint candida fata tua. 30
At nos securae reddamus tempora mensae:
   Venit post nimbos una serena dies.
Ei mihi, difficile est imitari gaudia falsa,
   Difficile est tristi fingere mente iocum,
Nec bene mendaci risus componitur ore, 35
   Nec bene sollicitis ebria verba sonant.
Quid queror infelix? turpes discedite curae:
   Odit Lenaeus tristia verba pater.

19 illos *ed. Ald. a. 1502* : illo Y : illis Z+   **20** verba *Bolle* : vina Z+   colunt Z+ : bibunt *Postg.*   **21** at venit *Heyne–Wunderlich, Büchner* : nam venit *unus Statii, Livineius ex coni.* : iam venit *Scal. ex ed. Ald. a. 1502* : quom venit H : non venit Z+ : convenit M, *Lachm. ex coni.*   severis *cod. Bernensis, Livineius et Guilielmus ex coni.* : -us Z+ : -os *Lachm.*   **23** deus hic quantasque *ed. pr. min. a. 1472, exc. Puccii, Heins. ex coni.* : deus hic quantumque A V X+ : deus hic quaecumque G V² (*i. mg.*) : qualis quantusque W, *Scal. ex F*   **25** illaque Z+ : impia *ed. Gryph. a. 1573* : iraque *Huschke*   si qua est Z+ : si qua *Baehr.* : si quae *Watt* : si quis *Bolk* : sicca *Muret.*   **26** sentiat A+ : -et G V X   ira Z+ : illa *Huschke*   **32** nimbos *Santen* : multos Q V² : -as Z+ pluvias *Housm. post hunc v. nov. eleg. inc.* Z+, *cum priore coni. Muret., Scal.*   **33** (h)ei mihi G²Q : et mihi r : si mihi A V X+ : heu quam f (*cf. TlL V 2, 300, 34 ss*)   **37** queror A V X+ : loquor G   *post* 38 *lac. ind. L. Mueller*

Cnosia, Theseae quondam periuria linguae
   Flevisti ignoto sola relicta mari: 40
Sic cecinit pro te doctus, Minoi, Catullus
   Ingrati referens impia facta viri.
Vos ego nunc moneo: felix, quicumque dolore
   Alterius disces posse cavere tuo.
Nec vos aut capiant pendentia brachia collo   45
   Aut fallat blanda subdola lingua prece.
Etsi perque suos fallax iurabit ocellos.
   Iunonemque suam perque suam Venerem,
Nulla fides inerit: periuria ridet amantum
   Iuppiter et ventos irrita ferre iubet.   50
Ergo quid totiens fallacis verba puellae
   Conqueror? ite a me, seria verba, procul.
Quam vellem tecum longas requiescere noctes
   Et tecum longos pervigilare dies,
Perfida nec merito nobis nec amica merenti,   55
   Perfida, sed, quamvis perfida, cara tamen!
Naida Bacchus amat: cessas, o lente minister?
   Temperet annosum Marcia lympha merum.

    39 Cnosia *Kenney ad Ov. Art. Am. 1, 293* : Gn- Z+   **41** sic Z+ : sed *Dresd.*   **43** nunc AVX+ : sic G   **44** disces r AVX+ : -is G : didicit f   cavere frF : carere Z+   tuo r Z+ : tuos F : suum f : tuom *Baehr.*   **45** nec vos aut capiant Z+ : ne vos decipiant f   **46** aut fallat Z+ : nec capiat f   subdola *Heins.* : perfida *Bergk* : sordida Z+   prece f *Scal. ex codd.* : fide AGVX+ *sic dist. Huschke*   **47** iurabit HQ : iurarit W, *Dousa et Fruterius ex coni.* : -vit Z+   **49** inerit Z+ : veneri Y^2, *ed. Rom. a. 1475*   **51** quid *ed. Rom. a. 1475* : qui Z+   **52** procul *Broukhus. e Pocchi exc. et Italicis Heinsii* : precor r Z+   *post hunc v. in 2 lin. interstitio* 'elegia VIII' G (*a manu rec.*)   **53** tecum longas Z+ : longas tecum E, *ed. Ald. a. 1515*   **55** nec amica W, *exc. Pocchi, ed. Ven. a. 1475* : inimica Z+ : et amica *Postg. dub.*   **58** Marcia *Broukhus. ex* C : Martia Z+

Non ego, si fugiat nostrae convivia mensae
   Ignotum cupiens vana puella torum,   60
Sollicitus repetam tota suspiria nocte.
   I, puer, et liquidum fortius adde merum.
Iam dudum Syrio madefactus tempora nardo
   Debueram sertis implicuisse comas.

59 fugiat nostrae H : fugĭt n. A : fugit n. X+ : fugięt n. G V : nostrae fugiat Q   62 i puer et *Huschke Statium (ad 1, 2, 1) sec. (cf. supra 6; Hor. Sat. 1, 10, 92; Prop. 3, 23, 23)* : tu puer i F, *Stat. ad loc. ex coni.* : tu puer et Z+   63 Syrio W, *Broukhus. ex nonn. codd. Statii, exc. Lipsii* : Tyrio Z+   64 *post hunc v. sequitur nullo interv. in* Z+ *et edd. ante Muret.* 3, 18 = 4, 12 *quod suo loco iterum trad. in* AVX+, *hic om.* M, *eiec. Petreius* : ('*hi versus non leguntur hoc loco in vetustis codd.*' Muret.)

'ALBII TIBULLI'
LIBER QUARTUS

CARMEN 1 (III 7)

Te, Messalla, canam quamquam me cognita virtus
Terret, ut infirmae valeant subsistere vires:
Incipiam tamen, ac meritas si carmina laudes
Deficiant, humilis tantis sim conditor actis,
Nec tua praeter te chartis intexere quisquam   5
Facta queat, dictis ut non maiora supersint.
Est nobis voluisse satis, nec munera parva
Respueris. etiam Phoebo gratissima dona
Cres tulit, et cunctis Baccho iucundior hospes
Icarus, ut puro testantur sidera caelo   10
Erigoneque Canisque, neget ne longior aetas.

1. *Panegyricus Messallae* (F) *cum libro tertio coniungitur in* Z+, *quartum secreverunt Itali*

1 me *Cuiac.* : mea AV X+ : tua (*sscr.* vel me) G   cognita Z+ : vivida H   2 valeant Z+ : nequeant F   3 ac G² (*ut vid.*), *Muret* : at F : a AV X+   meritas G X, *Puccius* : meritis AV X+   carmina Z+ : -e D   5 praeter te Z+ : te praeter C   9 Cres Z+ : res *duo codd. Statii* : tres P   10 puro H V² : pura A G X+   11 ne G : iam Q (*ut vid.*) V² (*ut vid.*), *ed. pr. mai. a.* 1472 : nam *Barth.* (*ut vid.*) : om. AV X+

IV 1

Quin etiam Alcides deus accessurus Olympo
Laeta Molorcheis posuit vestigia tectis,
Parvaque caelestis placavit mica, nec illis
Semper inaurato taurus cadit hostia cornu.   15
Hic quoque sit gratus parvus labor, ut tibi possim
Inde alios aliosque memor componere versus.
   Alter dicat opus magni mirabile mundi,
Qualis in immenso desederit aere tellus,
Qualis et in curvum pontus confluxerit orbem,   20
Ut vagus, e terris qui surgere nititur aer,
Huic et contextus passim fluat igneus aether,
Pendentique super claudantur ut omnia caelo:
At, quodcumque meae poterunt audere Camenae,
Seu tibi par poterunt seu, quod spes abnuit, ultra,   25
Sive minus (certeque valent minus), omne vovemus
Hoc tibi, nec tanto careat mihi nomine charta.
Nam, quamquam antiquae gentis superant tibi laudes,

12 accessurus Olympo F (*ut vid.; cf. Huschke I, LXXVI*), *Heins. e mg. ed. Reg. a. 1487* : ascensurus Olympum Z+   13 tectis W, *Muret. ex coni.* : terris Z+ (*cf. Stat. Silv. 4, 6, 51*) *post hunc v.* Q *et Voss. 5 habent vv.* 140–181; 98–139; 56–97; 14–55   14 placavit G², *Broukhus. ex ed. Ven. a. 1475* : pacavit Z+   17 inde alios Z+ : inde aliosque *Heins.*   18 dicat opus A²V X : dictat o. A H : dictet o. *Scal. ex ed. Ald. a. 1502* : opus dicat G, *exc. Petrei*   19 in immenso ... aere Z+ : in immensum ... aera B desederit F Z+ : descenderit B Q (*cf. Aetna 103 s*) *locum Muret. constit.*   20 confluxerit Z+ : de- H   21 ut *Livineius et Heins. ex coni.* : et Z+ e Z+ : *a Barth. qui Rigler* : qua Z+   22 huic G : hinc A V X+ : hunc S. *Allen* et contextus Z+ circumtextus *Heins.* : ut c. U, *exc. Colotii et Pocchi*   24 at G, *ed. Ald. a. 1502* : et A V X+   25 seu quod A (u *i. ras.*) G V X+ : sed quod P ultra Z+ : ultro P   26 valent *Sh. Bailey* : canent Z+ vovemus A F G V X+ : movemus B   27 nec A V X+ : ne D G nomine G, *ed. Ald. a. 1502* : carmine A F V X+   28 quamvis antiquae superent praeconia gentis f

Non tua maiorum contenta est gloria fama,
Nec quaeris quid quaque index sub imagine dicat,   30
Sed generis priscos contendis vincere honores,
Quam tibi maiores maius decus ipse futuris:
At tua non titulus capiet sub nomine facta,
Aeterno sed erunt tibi magna volumina versu
Convenientque tuas cupidi componere laudes   35
Undique quique canent vincto pede quique soluto.
Quis potior, certamen erit: sim victus in illis,
Ut nostrum tantis inscribam nomen in actis.
  Nam quis te maiora gerit castrisve forove?
Nec tamen hinc aut hinc tibi laus maiorve minorve: 40
Iusta pari premitur veluti cum pondere libra,
Prona nec hac plus parte sedet nec surgit ab illa,
Qualis, inaequatum si quando onus urget utrimque,
Instabilis natat alterno depressior orbe.
  Nam seu diversi fremat inconstantia vulgi,   45
Non alius sedare queat: seu iudicis ira
Sit placanda, tuis poterit mitescere verbis.

30 quid quaque index F, *exc. Petrei, ed. Ven. a. 1475* : quid qua index Z+   **31** sed ... honores Z+ : vincere sed priscos generis contendis honores f   **32** futuris f Z+ : -us H, *Scal. ex cod.*   **33** at A V X+ : ac G   titulus Z+ : -is P   nomine Z+ : stemmate *exc. Petrei et Lipsii*   **34** magna Z+ : facta *ed. pr. min. a. 1472*   **36** vincto G X : iuncto A V+   **37** quis Z+ : qui *Cuiac.*   potior Q : -ius Z+   victus *Jortin* : victor Z+   **39–44** *post* **45–47** *pos.* f G, **39** *post* **44** *cod. Petrei,* **41** *post* **44** *Postg. (Class. Rev. 14, 1900, 296)*   **39** nam quis te *Scal. ex* F : nec quisquam f G : nam quique tibi A (*in corr.*) V X : namque tibi H : quisque tibi Q   castrisve forove f X Y, *Cyllenius* : cartisne forove A V : chartisve forove G   **40** hinc aut hinc tibi *ed. Rom. a. 1475* : hic aut hic tibi F G V² X : hic aut tibi A V : haec aut haec tibi f   **43** qualis inaequatum Z+ : sed magis aequatum f   **44** depressior Z+ : com- *exc. Petrei, ed. Ven. a. 1475*   orbe Z+ : *fort. leg.* orbis   **45** diversi Z+ : divisi *unus Vaticanus Statii*   **46** non alius Z+ : nemo magis f   sedare A V X+ : placare G

IV 1   87

Non Pylos aut Ithace tantos genuisse feruntur
Nestora vel parvae magnum decus urbis Ulixem,
Vixerit ille senex quamvis, dum terna per orbem   50
Saecula fertilibus Titan decurreret horis,
Ille per ignotas audax erraverit urbes,
Qua maris extremis tellus includitur undis.
Nam Ciconumque manus adversis reppulit armis,
Nec valuit lotos coeptos avertere cursus,   55
Cessit et Aetnaeae Neptunius incola rupis
Victa Maroneo foedatus lumina Baccho,
Vexit et Aeolios placidum per Nerea ventos,
Incultosque adiit Laestrygonas Antiphatenque,
Nobilis Artacie gelida quos irrigat unda: 60
Solum nec doctae verterunt pocula Circes,
Quamvis illa foret Solis genus, apta vel herbis
Aptaque vel cantu veteres mutare figuras:
Cimmerion etiam obscuras accessit ad arces,

48 aut Z+ : atque *Guelferbyt. 1, ed. Rom. a. 1475*   49 Ulixem
A V X : Ulissem G (*ex corr.*) : Ulixen *cod. Lips.* (*cf. Housman,
Class. Papers 834s; Bömer ad Ov. Met. 13, 55*)   51 decurreret
Z+ : -it P   53 includitur Z+ : ex- *Broukhus. ex exc. Pocchi et
Colotii*   54 nam Z+ : non *Heins. ex 'uno Anglico'*   55 nec
Q : non Z+   lotos *Scal. ex F, exc. Colotii* : ciclyps A (*ut vid.*) :
ciclops A²G V X+   c(o)eptos P Q : captos F : tempus Z+ (t$\tilde{p}$s A)
avertere P Q : evertere *Cuiac.* : convertere G V X : vertere A   56
et G V²X : ut *cod. Ferrarii* : om. AV   59 incultosque *Heyne* :
om. -que Z+   60 nobilis Z+ : mobilis *Scal. ex 'cod. Mattii'*
Artacie V (*ex corr.*), *Scal ex ed. Ald. a. 1515* : Artacle X : Artacre
AV² (*i. mg.*) : Atracie Q   gelida *Broukhus. ex cod., Scal. ex coni.* :
-os Z+   irrigat Z+ : erigit F : egerit *Heins.*   63 aptaque vel cantu Z+ : captas vel cantu *Baehr.* : vel cantu victas *Postg. dub.* (*cf.
G. B. A. Fletcher, Latomus 24, 1965, 50*)   64 Cimmerion H : Ci-
merion G V X : cymerion A : Cimmeriorum *Broukhus. ex coni.*
arces Z+ : oras *Cyllenius, an ex cod.?, ed. Brix. a. 1486*

Quis numquam candente dies apparuit ortu, 65
Seu supra terras Phoebus seu curreret infra.
Vidit, ut inferno Plutonis subdita regno
Magna deum proles levibus ius diceret umbris,
Praeteriitque cita Sirenum litora puppi.
Illum inter geminae nantem confinia mortis 70
Nec Scyllae saevo conterruit impetus ore,
Cum canibus rabidas inter freta serperet undas,
Nec violenta suo consumpsit more Charybdis,
Vel si sublimis fluctu consurgeret imo,
Vel si interrupto nudaret gurgite pontum. 75
Non violata vagi sileantur pascua Solis,
Non amor et fecunda Atlantidos arva Calypsus,
Finis et erroris misero Phaeacia tellus.
Atque haec seu nostras inter sunt cognita terras,
Fabula sive novum dedit his erroribus orbem, 80
Sit labor illius, tua dum facundia, maior.

65 ortu Z+ : aestu *unus Gebhardi, ed. Rom. a. 1475* 66 seu supra Z+ : sive super *ed. Reg. a. 1481* 67 ut Z+ : et G²H Plutonis ... regno Z+, *Broukhus. ex emendatione Fruterii et Heinsii* : Plutoni ... regna *ed. pr. mai. a. 1472, Scal.* 68 ius diceret *Postg. (cf. Hom. Od. 11, 568s)* : discurreret Z+ umbris G²H : undis Z+ 70 inter geminae *Scal. ex F, Canter ex coni.* : inter gemini *Heyne ex edd. vett.* : tergeminae G X + : terminae A V nantem G V (*ex corr.*) X+ : nautem A V mortis Z+ : montis A (*man. rec.*), *ed. Rom. a. 1475, Heyne* 71 ore *Scal. ex F, exc. Pocchi* : orbe Z+ 72 cum Z+ : quom H : quin *Barth* rabidas Z+ rapidas B freta Z+ : fera G² (*ut vid.*) serperet Z+ : sorberet *Guyet* : curreret *ed. pr. Bartol.* 73 more P Q : in ore Z+ 77 Calipsus G² : Calipsos Z+ 78 erroris F : -um Z+ misero *ed. Ald. a. 1515* : -i Z+ 79 inter sunt Z+ : intersunt *ed. Reg. a. 1481*

IV 1

　　Nam te non alius belli tenet aptius artes,
Qua deceat tutam castris praeducere fossam,
Qualiter adversos hosti defigere cervos,
Quemve locum ducto melius sit claudere vallo, 85
Fontibus ut dulces erumpat terra liquores,
Ut facilisque tuis aditus sit et arduus hosti;
Laudis ut assiduo vigeat certamine miles:
Quis tardamve sudem melius celeremve sagittam
Iecerit aut lento perfregerit obvia pilo, 90
Aut quis equum celerem arctato compescere freno
Possit et effusas tardo permittere habenas
Inque vicem modo derecto contendere passu,
Seu libeat cursum medio convertere gyro,
Quis parma, seu dextra velit seu laeva, tueri, 95
Sive hac sive illac veniat gravis impetus hastae,
Aptior, aut signata cita loca tangere funda.
Iam simul audacis veniant certamina Martis,

82 nam f Z+ : iam E, *Broukhus. ex exc. Pocchi* artes G P Q X : arces f : artem *ed. Rom. a. 1475* : artos A : arthos V　　83 praeducere f Z+ : pro- *ed. pr. min. a. 1472* : per- B : de- *ed. Ald. a. 1502*　　84 cervos E, *ed. Rom. a. 1475, Guellius (ad Verg. Ecl. 2, 29), ex coni.* : nervos f G V² : vernos A V X　　86 erumpat Z+ : educat *Gothanus*　　87 ut f P Q : et Z+　　88 ut f, *Puccius* : et Z+　　90 iecerit Z+ : miserit f　　91 aut quis f P Q : at quis C I : et quis A V X : ecquis G celerem arctato *Broukh. ex codd., ed. Brix. a. 1486* : celerem angusto *L. Mueller* : celeremque arcto *Ayrmann ex coni.* : celeremve ar(c)to A P X : celeremne arto f G　　92 possit et f Z+ : possitve *Haupt*　　93 derecto *Baehr.* : di- f A G V² X+ : direpto V passu f Z+ : cursu D　　94 cursum *Chr. Crusius* : turno P : curvo Z+ medio convertere *Crusius* : brevius c. *Huschke* : brevius contendere f Z+ gyro Z+ : cursu R　　96 veniat gravis E, *Scal. ex F* : grandis venit Z+　　97 aptior *Francken* : amplior F Z+ : amplius H aut Z+ : ut F P : seu Q　　98 audacis Z+ : adversi f veniant *Scal. ex* f : -unt Q : -ent Z+

90 CARMINA ALBIO TIBULLO ADSCRIPTA

Adversisque parent acies concurrere signis:
Tum tibi non desit faciem componere pugnae, 100
Seu sit opus quadratum acies consistat in agmen,
Rectus ut aequatis decurrat frontibus ordo,
Seu libeat duplici seiunctim cernere Marte,
Dexter uti laevum temptet dextrumque sinister
Miles sitque duplex geminis victoria castris. 105
  At non per dubias errant mea carmina laudes:
Nam bellis experta cano. testis mihi victae
Fortis Iapydiae miles, testis quoque fallax
Pannonius gelidas passim disiectus in Alpes,
Testis Arupinis et †pauper† natus in arvis, 110
Quem si quis videat vetus ut non fregerit aetas,
Terna minus Pyliae miretur saecula famae.
[Namque senex longae peragit dum saecula famae] 112a
Centum fecundos Titan renovaverit annos,
Ipse tamen velox celerem super edere corpus
Gaudet equum validisque sedet moderator habenis. 115

    99 parent F Z+ : -ant *ed. Aldina a. 1502*   **100** tum f Q : tunc Z+   **101** consistat Z+ : -ere *ed. pr. Bartol., Huschke Cortium sec.* **102** ut aequatis f : inaequatis Z+   decurrat Z+ : con- Q   **103** duplici ... Marte *Salmas. (De re milit., c. 7)* : duplicem ... Martem Z+ seiunctim *Salmas.* : seu iunctum A G V+ : seu vinctum f X   **104** dexter uti *Scal. ex* f *et* F : dexterque ut G (*i. r.*) *Cuiac.* (*ex corr.*) : dexteraque ut A V X+   tentet *Salmas.* : teneat Z+   sinister f Z+ : sinistra Q   **105** geminis ... castris *Broukhus. ex cod. Sfortiae, Heins.* (*Adv. 3, 10*) : gemini ... casus Z+   **108** Iapydiae A (*corr. ex* iapigie) G, *Scal. ex suis* : iapugie G^2 V X+ : iapygie Q (*cf. Plin. Nat. Hist. 3, 140; Drakenborch ad Liv. 43, 5, 3*)   **110** Arupinis F : -us *duo Guelferbyt., ed. Ald. a. 1502* : -as *Scal.* : et Arpinis A V X : et Alpinis G   arvis *ed. pr. Bartol.* : armis Z+   **112a** *habent* Z+, *ed. pr. min. a. 1472* : *om* H Q, *cett. edd. vett., damn. Heyne* saecula Z+ : tempora *J. H. Voss*   famae Z+ : vitae C   **113** renovaverit *Guelferbyt. 1 et 4, ed. pr. min. a. 1472* : -erat H X+, *ed. pr. mai. a. 1472* : renoverat V : renovat A : revocaverit G (*ut vid.*)   **115** gaudet E, *Heins. ex coni.* : audet Z+

IV 1

Te duce non alias conversus terga †domator†
Libera Romanae subiecit colla catenae.
   Nec tamen his contentus eris: maiora peractis
Instant, compertum est veracibus ut mihi signis
Quis Amythaonius nequeat certare Melampus.   120
Nam modo fulgentem Tyrio subtemine vestem
Indueras oriente die duce fertilis anni,
Splendidior liquidis cum Sol caput extulit undis
Et fera discordes tenuerunt flamina venti,
Curva nec assuetos egerunt flumina cursus,   125
Quin rapidum placidis etiam mare constitit undis,
Nulla nec aerias volucris perlabitur auras
Nec quadrupes densas depascitur aspera silvas,
Cum largita tuis sint cuncta silentia votis.
Iuppiter ipse levi vectus per inania curru   130
Affuit et caelo vicinum liquit Olympum
Intentaque tuis precibus se praebuit aure
Cunctaque veraci capite annuit: additus aris
Laetior eluxit structos super ignis acervos.
   Quin hortante deo magnis insistere rebus   135
Incipe: non idem tibi sint aliisque triumphi.
Non te vicino remorabitur obvia Marte
Gallia nec latis audax Hispania terris

---

116 domator Z+ : domata *exc. Pocchi* : domatus *Livineius* : Salassus *Baehr.*   **121** subtemine *Statius, Scal. ex cod., ut vid.* : sub tegmine Z+   **126** rapidum Z+ : rabidum *Guyet*   **127** nulla nec Q, *Passerat ex coni.* : ulla nec Z+ : nulla haec *Statius ex cod.* aerias I : -eas Z+   **129** cum E : quam *Gothan.* : quin Z+ sint *Voss.* 3 : sunt Z+ : sit *Huschke* cuncta *Barth. ap. Huschke* : multa Z+ : muta G², *Heins. ex ci., fort. recte (cf. Ov. met. 7, 184)*   **131** affuit Z+ : affluit Q   **133** additus Z+ : abditus *Gothan., Scal. ex ed. pr. min. a. 1472*   **134** l(a)etior Z+ : purior G²Q structos super] substratos *Matt. ex cod.*   **136** non B, *ed. Ald. a. 1502* : nunc Z+ sint P, *ed. Ald. a. 1502* : sunt Z+

Nec fera Theraeo tellus obsessa colono,
Nec qua vel Nilus vel, regia lympha, Choaspes   140
Profluit aut rapidus, Cyri dementia, Gyndes
Aret Arecteis haud una per ostia campis,
Nec qua regna vago Tamyris finivit Araxe,
Impia vel saevis celebrans convivia mensis
(Ultima vicinus Phoebo tenet arva) Padaeus: 145
Quaque Hebrus Tanaisque Getas rigat atque Magynos,
(Quid moror?) Oceanus ponto qua continet orbem,
Nulla tibi adversis regio sese offeret armis.
Te manet invictus Romano Marte Britannus
Teque interiecto mundi pars altera sole.   150
Nam circumfuso considit in aere tellus
Et quinque in partes toto disponitur orbe.
Atque duae gelido vastantur frigore semper:
Illic et densa tellus absconditur umbra

139 t(h)er(a)eo *exc. Pocchi, Calpurnius in ed. Vic. a. 1481* : tetereo A F V X+ : r(h)et(a)eo *vulgo post ed. Ald. a. 1502* : threicio G obsessa Z+ : possessa *ed. Rom. a. 1491, Puccius*   **140** vel Nilus] aut Eulaeus *S. Allen* choaspes G, *Pisanus teste Petreio, Scal. ex ed. Ald. a. 1502* : dyaspes A F V X+   **141** Gyndes *Calpurnius in ed. Vic. a. 1481* : cidnus FZ+ : cindus H   **142–145** *hoc ord. in suis legit Cyllenius* : **144. 145. 143. 142**   **142** aret Arecteis *Lachm.* : aret Areccaeis *Salmas. ad Solin., p. 840, ed. Trai.* : ardet Arectaeis *Scal. ex F* : radit Cessaeis *Barth. ap. Huschke* : creteis ardet Z+ : Chretheis ardens Q   haud una per ostia *Heins.* : aut unda perhospita F : aut unda Carystia Z+ : aut unda Caystria *Guelferbyt. 3 (a sec. manu i. mg.), ed. pr. min. a. 1472, versum sic refinxit nescioquis* aret Areccaeis aut unda Oroatia campis   **143** Tamyris A V X+ : Tomyris G² (*o ex a corr.*), *ed. Plant. a. 1569*   **144** impia vel M, *Schrader ex coni.* : impia nec Z+ : nec pia qui *Carrio (ad Val. Fl. 6, 750)*   **145** *sic dist. Lachm.*   **146** Hebrus Z+ : Histrus *vel* Istrus *edd. nonn. Broukhus. secuti*   Magynos *Scal. ex F* : Maginos Z+ : Mosynos *Broukhus. ex codd.* : Sigyn(n)os *Is. Voss. ad Peripl. Pont. Eux., p. 81 Huds.*   **151** considit E, *Heins. ex coni.* : consistit Z+ (*cf. edd. ad Aetn. 103s*)   **154** et densa Z+ : extensa *Wakefield (ad. Lucr. 3, 1055)*

IV 1   93

Et nulla integro prolabitur unda liquore,   155
Sed durata riget densam in glaciemque nivemque,
Quippe ubi non unquam Titan super egerit ortus,
At media est Phoebi semper subiecta calori,
Seu propior terris aestivum fertur in orbem
Seu celer hibernas properat decurrere luces: 160
Non igitur presso tellus exsurgit aratro,
Nec frugem segetes praebent nec pabula terrae:
Non illic colit arva deus, Bacchusve Ceresve,
Ulla nec exustas habitant animalia partes.
Fertilis hanc inter posita est interque rigentes   165
Nostraque et huic adversa solo pars altera nostro,
Quas utrimque tenens similis vicinia caeli
Temperat, alter et alterius vires necat aer:
Hinc placidus nobis per tempora labitur annus:
Hinc et colla iugo didicit summittere taurus   170
Et lenta excelsos vitis conscendere ramos,
Tondeturque seges maturos annua partus,
Et ferro tellus, pontus proscinditur aere,

155 integro *Watt* : intecto *cod. ap. Huschke* : incerto *Guyet* : incepto Z+ prolabitur *Tränkle dub.* : per- Z+   **156** densam Z+ : lentam *Cornelissen*   **157** super egerit A G X+ : superegerit V : superingerit *Heyne ex codd.*   **159** propior AGV+ : proprior BX   **160** decurrere luces Z+ (*cf. Ov. Met. 14, 227*) : deducere noctes *liber Sfortiae ap. Stat., ed. Rom. a. 1475*   **161** igitur F : ergo Z+ ex(s)urgit A F V X+ : con- G, *ed. Rom. a. 1475*   **162** nec² P Q : neque Z+   **164** ulla H Q : nulla Z+   **165** inter posita A G X+ : interposita Q V rigentes A¹ (*ut vid.*) F (*ut vid.*), *edd. prr. a. 1472* : -em A² G V+   **167** qu. u. t. similis vicinia c. *Broukh. ex codd.* : qu. s. u. t. v. c. Z+ simileis (i. e. similés) *ed. Ald. a. 1515* utrimque G² Q X : utrique A G (*ut vid.*) V   **168** necat *tres Vossiani, Scal. ex uno Statii* : negat Z+   **169** labitur P Q : vertitur A (*man. rec.*) G V X+   **170** hinc G V X+ : huic A : hic B   **171** lenta A+ : l(a)eta G V X   **173** proscinditur *Némethy* (*coll. Lucr. 5, 1295; Avien. Arat. 617*) : conscinditur G² : confinditur G (*ut vid.*), *Scal. ex Ald. a. 1502* : confunditur AVX+ (*cf. TlL IV 258, 58 ss*)

Quin etiam structis exsurgunt oppida muris.
Ergo, ubi per claros scierint tua facta triumphos,   175
Solus utroque idem diceris magnus in orbe.
  Non ego sum satis ad tantae praeconia laudis,
Ipse mihi non si praescribat carmina Phoebus.
Est tibi, qui possit magnis se accingere rebus,
Valgius: aeterno propior non alter Homero.   180
Languida nec noster peraget labor otia, quamvis
Fortuna, ut mos est illi, me adversa fatiget.
Nam mihi, cui magnis opibus domus alta nitebat,
Cui fuerant flavi ditantes ordine sulci
Horrea fecundas ad deficientia messes,   185
Cuique pecus denso pascebant agmine colles
(Et domino satis et nimium furique lupoque)
Nunc desiderium superest: nam cura novatur,
Cum memor anteactos semper dolor admonet annos.
Sed licet asperiora cadant spolierque relictis,   190
Non te deficient nostrae memorare Camenae.
Nec solum tibi Pierii tribuentur honores:
Pro te vel rabidas ausim maris ire per undas,

    174 ex(s)urgunt G H X : consurgunt *unus Statii, ed. pr. min. a. 1472* : exurgitat AV+   **175** per claros *Voss. 1, Scal. ex coni.* : praeclaros AFGVX+ scierint *Postg.* : ierint *Scal. ex* F : poscent Z+   **181** nec W, *Heyne ex coni.* : non Z+ : nam *exc. Lipsii, Dousa pat. ex coni.* peraget *Heyne* : -it Z+   **183** cui *Rigler* : cum Z+ nitebat *Rigler* : -eret Z+   **184** cui Z+ : qui M : cum *Bernens.* ditantes Z+ : dictantes H : distantes *Ayrmann*   sulci Z+ : culmi *Heins.*   **185** fecundas ... messis *Scal. ex* F : fecundis ... mensis Z+ ad deficientia *Scal. ex* F, *exc. Petrei* : indeficientia Z+   **187** *sic dist. Dissen*   **189** anteactos *Scal. ex* F : accitos G : accitus AV X+ : accisos *Dousa pater*   admonet Z+ : -movet H   **190** relictis H : -us Z+   **193** rabidas C, *Baehr.* : rapidas Z+ (*cf. v.* **126** *supra;* 1, 2, 42)

IV 1   95

Adversis hiberna licet tumeant freta ventis,
Pro te vel densis solus subsistere turmis   195
Vel vivum Aetnaeae corpus committere flammae.
Sum quodcumque, tuum est. nostri sit parvula cura,
Sit tibi quanta libet, si sit modo, non mihi regna
Lydia, non magni potior sit fama Gylippi,
Posse Meleteas nec mallem vincere chartas.   200
Quod tibi si versus noster, totusve minorve,
Vel bene sit notus, summo vel inhaereat ore,
Nulla mihi statuent finem te fata canendi.
Quin etiam mea tunc tumulus cum texerit ossa,
Seu matura dies fati properat mihi mortem,   205
Longa manet seu vita, tamen, mutata figura
Seu me finget equum virides percurrere campos
Doctum, seu tardi pecoris sim gloria taurus,
Sive ego per liquidum volucris vehar aera pennis,

195 densis solus Z+ : s. d. *ed. Ven. a. 1491* subsistere Z+ : ob- Q, *ed. Rom. a. 1475*   196 vivum *Sh. Bailey* : pronum *Burm. Sec. (ad Prop. 1, 6, 3)* : parvum Z+   197 sum Z+ : dum *Scal. ex Ald. a. 1502, ut vid.* quodcumque GH : quidcumque AVX+ tuum est Z+ : tuus *nonn. codd. Statii* sit *duo Guelferbyt. ap. Heyne–Wunderlich, Heins. ex coni.* : si Z+   198 si sit Z+ : si sint F (*ut vid.*), *cod. Lips.*   199 gilippi (*vel. sim.*) Z+ : Philippi '*quidam*' *teste Cyllenio (gnati ... Philippo Morgan)*   200 nec G V² X+ : om. AV vincere F : mittere Z+ : tangere *Guelferbyt. 3 (i. mg.)* : pangere *Huschke*   201 minorve *Heins. ex coni.* : minusve Z+   202 sit notus Z+ : si notus *ed. mai. a. 1472* : si totus *Muret. ex cod. Sfortiae* : sit totus *Puccius* inhaereat *exc. Colotii* : inerret in Z+ : inhaeret in Q Y   203 statuent G (*ex corr.*) H : -uunt Z+   204 tunc tumulus cum texerit AV X+ (*de F non constat*) : cum tumulus contexerit *Puccius, Muret., Broukhus. ex codd.*   205 fati *Huschke* (*coll. Ov. Her. 1, 114*) : fato Z+ : celerem *Scal. ex* F : certam *S. Allen, dub.*   206 figura AVX+ : -am F (*ut vid.*) G Q   207 virides *Cornelissen* : rigidos Z+ : gyro *Voss. 1, Heins.* (... campum) *ex coni.*   209 volucris ... pennis Z+ : volucris ... penna *edd. vett.* : volucri ... penna, *Voss. 1, Heins. ex coni.*

Quandocumque hominem me longa receperit aetas, 210
Inceptis de te subtexam carmina chartis.

CARMEN 2 (III 8)

Sulpicia est tibi culta tuis, Mars magne, Kalendis:
  Spectatum e caelo, si sapis, ipse veni.
Hoc Venus ignoscet: at tu, violente, caveto
  Ne tibi miranti turpiter arma cadant.
Illius ex oculis, cum vult exurere divos, 5
  Accendit geminas lampadas acer Amor.
Illam, quicquid agit, quoquo vestigia movit,
  Componit furtim subsequiturque Decor.
Seu solvit crines, fusis decet esse capillis:
  Seu compsit, comptis est veneranda comis. 10
Urit, seu Tyria voluit procedere palla:
  Urit, seu nivea candida veste venit.
Talis in aetherio felix Vertumnus Olympo
  Mille habet ornatus, mille decenter habet.
Sola puellarum digna est, cui mollia caris 15
  Vellera det sucis bis madefacta Tyros,

210 quandocumque F : inquemcumque Z+ : in quaecumque H : in quodcumque D   receperit Z+ : retexerit *unus Palatinus Gebhardi* : redegerit *Heins.*   211 carmina Z+ : nomina *unus Statii* (cf. 27)

2. 3 at Z+ : sed H   6 lampadas AVX : -es G, *ed. mai. a. 1472*   7 quoquo vestigia G, *ed. mai. a. 1472* : quicquid vestigia AVX movit Z+ : flectit H   9 solvit Z+ : fudit *Huschke ex coni.*   13 aetherio *unus Heinsii, Statius ex coni.* : aeterno Z+   14 mille habet G²Q : mille hunc Z+   16 sucis *ed. Rom. a. 1475* : succis Z+ : fucis *Heins.*

Possideatque, metit quicquid bene olentibus arvis
　　Cultor odoratae dives Arabs segetis
Et quascumque niger Rubro de Litore gemmas
　　Proximus Eois colligit Indus aquis.　　　　　　　　　20
Hanc vos, Pierides, festis cantate Kalendis,
　　Et testudinea Phoebe superbe lyra:
Hoc sollemne sacrum multos consummet in annos:
　　Dignior est vestro nulla puella choro.

CARMEN 3 (III 9)

Parce meo iuveni, seu quis bona pascua campi
　　Seu colis umbrosi devia montis aper,
Nec tibi sit duros acuisse in proelia dentes:
　　Incolumem custos hunc mihi servet Amor.
Sed procul abducit venandi in devia cura:　　　　　　　5
　　O pereant silvae, deficiantque canes!
Quis furor est, quae mens, densos indagine colles
　　Claudentem teneras laedere velle manus?
Quidve iuvat furtim latebras intrare ferarum
　　Candidaque hamatis crura notare rubis?　　　　　　10

19 gemmas Z+ : conchas C, *Scal. ex Ald. a. 1502 (cf. 2, 4, 30; Heins. ad Ov. Art. 3, 124)*　　**20** aquis Z+ : equis *Voss. 3, Scal. ex coni. (cf. Prop. 4, 3, 10; Ov. Art. 3, 129s)*　　**23** consummet *Scal. (cf. Sen. Herc. fur. 1039)* : consumat *nescioquis* : hoc sumet Z+ : haec sumat G² : haec sumet FV² : hoc fumet Y : celebretur Q　　**24** vestro Z+ : nostro B choro G²H : t(h)oro Z+

3. 1 campi Z : -is P Q　　**3** proelia *Scal. ex.* F : pectora Y : pectore Z+　　**5** abducit A G V² : ad- VX in devia *Heins.* : Delia Z+　　**7** est G V X+ : o A (*i.r.*) C : aut *cod. Colbertinus* quae mens Z+ : demens *Dousa pater ex coni.*

Sed tamen, ut tecum liceat, Cerinthe, vagari,
  Ipsa ego per montes retia torta feram,
Ipsa ego velocis quaeram vestigia cervi
  Et demam celeri ferrea vincla cani.
Tunc mihi, tunc placeant silvae, si, lux mea, tecum   15
  Arguar ante ipsas concubuisse plagas:
Tunc veniat licet ad casses, illaesus abibit,
  Ne Veneris cupidae gaudia turbet, aper.
Nunc sine me sit nulla Venus, sed lege Dianae,
  Caste puer, casta retia pange manu: 20
Et quaecumque meo furtim subrepet amori,
  Incidat in saevas diripienda feras.
At tu venandi studium concede parenti,
  Et celer in nostros ipse recurre sinus.

CARMEN 4 (III 10)

Huc ades et tenerae morbos expelle puellae:
  Huc ades, intonsa Phoebe superbe coma.
Crede mihi, propera: nec te iam, Phoebe, pigebit
  Formosae medicas applicuisse manus.
Effice ne macies pallentes occupet artus   5
  Neu notet informis languida membra color,

---

12 feram AVX+ : geram G (*cf. Ov. Met. 10, 171*)   13 cervi Z+ : -ae M, *Broukhus. ex coni.*   15 si Z+ : sic *Voss. 3 et 4, Heins.* : tunc *dub. Baehr.*   18 ne G V² (*i.mg.*) : da AVX+   19 nunc *Broukhus. ex C aliisque* : tunc Z+   20 pange *Broukhus. dub.* : tange AFVX+ : tende G : pande *Heins.*   21 et Z+ : at F : aut *exc. Petrei* subrepet V², *Cuiac., Heins. ex Upsal.* : -it Z+

4. 1 expelle Z+ : de- Q   5 pallentes Z+ : tabentes *Heins.*
6 languida *Rigler, Bergk* (*cf. Culex 206s; Lucan. 3, 8; Columb., Mon. Germ. Hist. III, p. 183* macie turpi tabescunt languida membra) : pallida Z+ : candida *ed. Rom. a. 1475* : tabida *Guyet* color] calor *Cornelissen*

Et quodcumque mali est et quicquid triste timemus,
  In pelagus rapidis evehat amnis aquis.
Sancte, veni, tecumque feras, quicumque sapores,
  Quicumque et cantus corpora fessa levant, 10
Neu iuvenem torque, metuit qui fata puellae
  Votaque pro domina vix numeranda facit.
Interdum vovet, interdum, quod langueat illa,
  Dicit in aeternos aspera verba deos.
Pone metum, Cerinthe: deus non laedit amantes, 15
  Tu modo semper ama: salva puella tibi est. 16
Nil opus est fletu: lacrimis erit aptius uti, 21
  Si quando fuerit tristior illa tibi. 22
At nunc tota tua est, te solum candida secum 17
  Cogitat, et frustra credula turba sedet. 18
Phoebe, fave: laus magna tibi tribuetur in uno 19
  Corpore servato restituisse duos. 20
Iam celeber, iam laetus eris, cum debita reddet 23
  Certatim sanctis tutus uterque focis. 24
Tunc te felicem dicet pia turba deorum 25
  Optabunt artes et sibi quisque tuas.

8 rapidis G V X+ : rabidis AI evehat A²V G X+ : devehat *Heins. (cf. Ov. Art. 3, 386)*   9 sapores A F G V X+ : sopores P : lepores G²   13 vovet A² G V X : movet A P : fovet *Broukhus. ex cod. Laudi*   16 *post hoc dist. coll. vv.* 21s 17–20 R, *ed. Ald. a. 1515* : 15–22 Z+ : *alii aliter (de Statio aliisque cf. Huschke II, pp. 623-25)* est *post* tibi *fort. del. (cf. 22)*   17 at G V X+ : ac A   18 credula Z+ : sedula C   23 laetus Z+ : lotus *Haupt*   24 tutus *Voss. 1, Cyllenius ex cod.* : laetus Z+ : lotus *Broukhus.* : gratus *Martinon* : sospes *Heins.*   25 tunc Z+ : tum P *(ut vid.)*

CARMEN 5 (III 11)

Qui mihi te, Cerinthe, dies dedit, hic mihi sanctus
    Atque inter festos semper habendus erit.
Te nascente novum Parcae cecinere puellis
    Servitium et dederunt regna superba tibi.
Uror ego ante alias: iuvat hoc, Cerinthe, quod uror,   5
    Si tibi de nobis mutuus ignis adest.
Mutuus adsit amor per te, dulcissima furta
    Perque tuos oculos per Geniumque rogo.
Mane Geni, cape tura libens votisque faveto,
    Si modo, cum de me cogitat, ille calet.   10
Quodsi forte alios iam nunc suspirat amores,
    Tunc precor infidos, sancte, relinque focos.
Nec tu sis iniusta, Venus: vel serviat aeque
    Vinctus uterque tibi, vel mea vincla leva.
Sed potius valida teneamur uterque catena,   15
    Nulla queat posthac quam soluisse dies.
Optat idem iuvenis quod nos, sed tectius optat:
    Nam pudet haec illum dicere verba palam.

---

5. 1 qui mihi *Scal. ex* F : est qui A G V²X+   2 festos Z+ : -as *cod. Bern* (*cf.* 2, 5, 36; Petron. 45, 4; CGL I 110, 9; IV 210, 11)   3 puellis A G V (*ex corr.*) : -ae D   4 dederunt G², ed. Ven. a. 1491 : -ant Z+ (*cf.* 2, 3, 12; Platnauer, *Lat. Eleg. Verse, p. 53*)   6 de nobis I²V : ne de nobis A G X+   7 per te A F V X + : te per G : tua per *ed. Ven. a. 1475*   9 mane Z : magne *Scal., fort. ex ed. Gryph. a. 1546* : alme *Puccius, Dousa pater ex cod.* (*cf. TlL VI 2, 1834, 38ss; 1837, 52ss; E. Löfstedt, Eranos* 10 [1910/11], 14) tura Z+ : dona C (*cf. Burm. ad Ov. Her.* 6, 77) : vota *exc. Lipsii*   10 calet E, *exc. Pocchi et Petrei, Muret.* : valet Z+ : volet *Scal. ex* F   11 suspirat C G², *Scal.* : -et A G V X+   12 tunc Z+ : tum *nonn. edd.* : tu *Heins. ex codd.*   13 nec tu sis Z+ : nec sis nunc Q   16 quam E, *ed. Ald. a. 1502* : nos G V²X : *om.* A (*i.r.*) V (*ut vid.*) : hanc *Rossbach*   17 tectius *Puccius, Muret. ex codd.* : tutius Z+   18 haec G V² : hoc A V : hic X

At tu, Natalis, quoniam deus omnia sentis,
    Annue: quid refert, clamne palamne roget?   20

CARMEN 6 (III 12)

Natalis Iuno, sanctos cape turis acervos,
    Quos tibi dat tenera docta puella manu.
Lota tibi est hodie, tibi se laetissima compsit,
    Staret ut ante tuos conspicienda focos.
Illa quidem ornandi causas tibi, diva, relegat: 5
    Est tamen, occulte cui placuisse velit.
At tu, sancta, fave, neu quis divellat amantes,
    Sed iuveni quaeso mutua vincla para.
Sic bene compones: ulli non ille puellae
    Servire aut cuiquam dignior illa viro.   10
Nec possit cupidos vigilans deprendere custos,
    Fallendique vias mille ministret Amor.
Annue purpureaque veni perlucida palla:
    Ter tibi fit libo, ter, dea casta, mero.

20 clamne palamne E, *Muret.* : -ve ... -ve Z : -ne ... -ve M

6. 1 acervos Z : honores D, *Broukhus.* (*cf. 1, 7, 53; Prop. 4, 6, 5*)   3 lota tibi *ed. Plantin. a. 1569 i.mg., Sambucus (ad Petron. 131, 11), Canter aliique ex coni.* : tota tibi Z+ : tota tua *Livineius ex coni.*   5 ornandi G^2 (*ut vid.*), *ed. Plant. a. 1569* : orandi Z+   7 neu quis FG^2 : ne nos Z+ : ne nox *Puccius, Pontanus ex coni.* : ne quis *Scal.* : ne quid *exc. Colotii*   8 sed Z+ : si I : et *Heyne dub.*   9 ulli non ille *Colbertinus* : ull(a)e non ille Z+ : non ulli est ille *Huschke*   10 cuiquam G^2, *ed. Plant. a. 1569* : cuidam Z+   13 purpureaque G^2 (*ut vid.*), *ed. Plant. a. 1569* : purpurea Z+   14 fit *Statius ex cod. Sfortiae, Scal. ex ed. mai. a. 1472* (*ut vid.*) : sit G^2H : sic Z+

Praecipiat natae mater studiosa, quid optet: 15
 Illa aliud tacita, iam sua, mente rogat.
Uritur, ut celeres urunt altaria flammae,
 Nec, liceat quamvis, sana fuisse velit.
Sis iuveni grata, ut, veniet cum proximus annus,
 Hic idem votis iam vetus extet amor. 20

CARMEN 7 (III 13)

Tandem venit amor, qualem texisse pudore
 Quam nudasse alicui sit mihi fama magis.
Exorata meis illum Cytherea Camenis
 Attulit in nostrum deposuitque sinum.
Exsolvit promissa Venus: mea gaudia narret, 5
 Dicetur siquis non habuisse suam.

15 praecipiat *Barth, Drenckhahn* (*Haupt, Opusc. I 122*) : praecipit at G^2 : pr. en E, *Heins.* : praecipit et Z+ quid optet I^2, *Broukhus. ex exc. Lipsii* : quod optet H (*ut vid.*), *Muret.* : quod optat Z+ 16 iam sua FZ : iam tua *Baehr.* (*sed. cf. Ov. Met. 14, 166*) : iam sibi G^2 : clam sibi E, *Heins. ex coni.*   19 sis F : si Z+ : sit G^2 : sic B (Iuno) grata, ut *Eberz, Baehr.* : grata ac *exc. Lipsii* : grata Z+ veniet Z+ : (grata) adveniet G^2Y   20 votis] iunctis *Schulze, Tränkle, dub.* vetus] ratus *Prien* extet *Baehr. dub.* : esset Z : adsit PQ : ut sit G^2

7. 1 *bis scriptus in* A pudore A (*poster. loco*) GVX : pudori A (*priore loco*) H ˜ 2 quam Z+ : et C : at *Scal.* fama Z+ : cura *Heyne* (*qui tamen intellexit 'fama meum amorem texisse sit mihi magis pudori quam me nudasse alicui'*) magis Z+ : minor E, *Broukhus. ex exc. Colotii*   6 suam AVX : suum G : sua FG^2

Non ego signatis quicquam mandare tabellis,
  Ne legat id nemo quam meus ante, velim,
Sed peccasse iuvat, vultus componere famae
  Taedet: cum digno digna fuisse ferar.   10

             CARMEN 8 (III 14)

Invisus natalis adest, qui rure molesto
  Et sine Cerintho tristis agendus erit.
Dulcius urbe quid est? an villa sit apta puellae
  Atque Arretino frigidus Arnus agro?
Iam, nimium Messalla mei studiose, quiescas,   5
  †Neu tempestivae saepe propinque viae†
Hic animum sensusque meos abducta relinquo:
  Arbitrii quin tu me sinis esse mei?

  8 ne G (*i.r.*), *ed. Vic. a. 1487* (*quae hunc v. rest.*) : me AVX : ut *exc. Pocchi*   id nemo G²Q : ut nemo *Cuiac.* : id venio AVX : advenio *quattuor Statii*   quam meus G (*i.r.*) I : q̃m (= quoniam) meus A : mens quoniam H X

  8. 3 puellae Z+ : -is H   4 ar(r)etino Z+ : eretino G² (*i.mg.*), *exc. Pocchi* : Reatino *Huschke*   Arnus *Heins. ex Thuaneo Guyeti* : amnis Z+ : annus *Scal., Huschke*   6 *versus nondum sanatus*   neu Z+ : heu HV² : non P   saepe propinque Z+ : saeve p. *Unger, Rigler* : quae procul urbe *Rigler postea* : perge monere *Baehr. dub.* : semper amice *Postg. versum sic refinxit Heyne* non tempestivam sic properare viam   8 arbitrii ... mei *Broukhus. ex uno Italico, Heins. ex coni.* : arbitrio ... meo Z+   quin tu me *Heyne* : quamvis non AVX+ : quoniam non G   sinis Z+ : sinit *Statius*

CARMEN 9 (III 15)

Scis iter ex animo sublatum triste puellae?
    Natali Romae iam licet esse suo.
†Omnibus† ille dies nobis natalis agatur,
    Qui necopinata nunc tibi sorte venit.

CARMEN 10 (III 16)

Gratum est, securus multum quod iam tibi de me
    Promittis, subito ne male inepta cadam,
Si tibi cura toga est potior pressumque quasillo
    Scortum quam Servi filia Sulpicia,
Solliciti sunt pro nobis, quibus illa doloris   5
    Ne cedam ignoto maxima causa toro.

---

9. 2 iam licet *Scal. ex* F, *exc. Petrei* : non sinet Z+ : non sinit H : nos sinet G² : nunc sinit *Heyne ex duob. Italicis* suo *ed. Ald. a. 1502* tuo A F G V X+ : tuae *cod. Regius* : meo *Huschke*   3 omnibus *vix sanum* dies] bonis *Housm.* nobis] annis *Postg.* natalis Z+ : genialis *ed. Vic. a. 1481 (cf. TlL VI 2, 1814, 53 ss)*   4 qui Z+ : quod *Drenckhahn* : quam *Postg.* opinata ... sorte *Heyne dub.*, *Housm.* : opinanti ... forte Z+

    10. 1 tibi H, *Heins. ex coni.* : mihi Z+   2 promittis *Voss. 5, Heins. ex coni* : per- Z+   3 si P, *Heins. ex coni.* : sit Z+   toga est E, *Heins. ex coni.* : togae Z+   5 doloris *Haupt, Rigler* : dolori est Z+ : dolori P   6 ne Q : nec Z+   cedam M, *Statius ex coni.* : credam Z+   causa Z+ : cura G², *ed. Ald. a. 1502*

CARMEN 11 (III 17)

Estne tibi, Cerinthe, tuae pia cura puellae
   Quod mea nunc vexat corpora fessa calor?
A ego non aliter tristes evincere morbos
   Optarim, quam te si quoque velle putem.
At mihi quid prosit morbos evincere, si tu   5
   Nostra potes lento pectore ferre mala?

CARMEN 12 (III 18)

Ne tibi sim, mea lux, aeque iam fervida cura,
   Ac videor paucos ante fuisse dies,
Nil quicquam tota commisi stulta iuventa,
   Cuius me fatear paenituisse magis,
Hesterna quam te solum quod nocte reliqui,   5
   Ardorem cupiens dissimulare meum.

11. 1 pia cura *Voss. 4, Broukhus. ex cod. Ursini, Heins.* (*ad Ovid, Trist. 2, 514*) *ex coni.* : placitura Z+ : placiture G²V²   2 quod Z : qui P : cum *Voss. 1* : dum *Heins. ex coni.*   4 si Z : sic V²Y   5 at F : a(h) *vel* ha Z : nam *Broukhus. ex codd., ed. Ald. a. 1502* : an *Cartault*   quid Z+ : quod G²V²   si G²V², *Puccius, Dousa et Heins. ex coni.* : quid AFVX : quod CG (*ex corr.*): ubi *Scal.* (*edd. a. 1577 et 1582*) *ex coni.* : quom *Baehr. ex Bernensi*

12. *carmen hoc in omnibus fere libris* (*certe* AVX) *et edd. vett. cum superiore coniunctum est; separat Voss. 4, seiunxit Scal., hic om. G; praeterea post 3, 6, 64 quoque traditur*
   (I) = priore loco, (II) = hic   1 ne A (I) H (I) Q (II) V (I) : nec A (II) H (II) Q (I) V (II) X   sim A (II) H (II) Q (II) V (II), *Muret. ex codd.* : sit A (I) X H (I) Q (I) V² (II)   iam A (II) H (II) Q (II) Q (II) V (II) : tam A (I) H (I) Q (I) V (I)   2 ac AFV (I et II) : at Q (II) X : ut Q (I)   videor A (I) H (I et II) Q (II) V (I) : -eas A (II) V (II) X   3 nil *Merkelbach* (*Rhein. Mus. 126, 1984, 85*) : si *codd.*   4 fatear Z : -or D (I et II)   5 solum Z : -am H (I) Q (I)

CARMEN 13 (III 19)

Nulla tuum nobis subducet femina lectum:
    Hoc primum iuncta est foedere nostra Venus.
Tu mihi sola places, nec iam te praeter in urbe
    Formosa est oculis ulla puella meis.
Atque utinam possis uni mihi bella videri,   5
    Displiceas aliis: sic ego tutus ero.
Nil opus invidia est, procul absit gloria vulgi:
    Qui sapit, in tacito gaudeat ipse sinu.
Tecum ego secretis possum bene vivere silvis,
    Qua nulla humano sit via trita pede.   10
Tu mihi curarum requies, tu nocte vel atra
    Lumen, et in solis tu mihi turba locis.
Nunc licet e caelo mittatur amica Tibullo,
    Mittetur frustra, deficietque Venus.
Per tibi sancta tuae Iunonis numina iuro,   15
    Quae sola ante alios est mihi magna deos.
Quid facio demens? eheu, mea pignora cedo.
    Iuravi stulte: proderat iste timor.
Nunc tu fortis eris, nunc tu me audacius ures:
    Hoc perperit misero garrula lingua malum.   20

13. **1** nobis Z+ : tytobis P : donis *cod. Colotii* : titulis *Voss. 1, Cyllenius ex codd.*   **2** iuncta Z+ : vincta E : pacta *cod. Dresd.*   **3** mihi B V² (*i. mg.*) : modo Z iam te Z : te iam E Y   **5** possis E, *ed. Rom. a. 1475, Heins. ex coni.* : -es Z   **8** ipse Z : ille C   **9** tecum Markl. (*ad Stat. Silv. 5, 3, 213*), Heyne *dub.* : sic A G V : hic X possum Z+ : -im E   **13** e Z+ : et Q   **15** per tibi *exc. Pocchi et Petrei*, Heins. (*ad. Ov. Am. 3, 2, 61*) *ex coni.* : hoc tibi A : haec tibi F G V X : haec per *ed. Ald. a. 1502* (*cf. Norden ad Verg. Aen. 6, 324; TlL VII 2, 675, 46ss*)   **16** mihi F (*ut vid.,*) Voss. 4, *ed. pr. mai. a. 1472* : tibi Z+   **17** eheu Baehrens *ex codd.* : heu heu A F G V X : heu cui G², *ed. Ald. a. 1502* cedo F : credo Z+, Heins. (*ad Ovid. Art. 3, 486*)   **18** proderat F : prodeat Z+ : proderit *Scal.*

Iam, facias quodcumque voles, tuus usque manebo,
  Nec fugiam notae servitium dominae,
Sed Veneris sanctae considam vinctus ad aras:
  Haec notat iniustos supplicibusque favet.

CARMEN 14 (III 20)

Rumor ait crebro nostram peccare puellam:
  Nunc ego me surdis auribus esse velim.
Crimina non haec sunt nostro sine iacta dolore:
  Quid miserum torques, rumor acerbe? tace.

21 iam, facias *L. Mueller* : iam faciam Z+   **22** notae G V²X : noto A (*ut vid.*) V (*ante corr.*)   **23** sed Z+ : quod Q   considam GH : -fidam AVX   vinctus GX : iunctus AV   **24** haec GV²X : nec AV

14. 3 crimina Z+ : carmina P   iacta *Pontan., Heins. ex coni.* : ficta *Muret. ex coni.* : facta Z+ (*cf. TlL VII 1, 64ss*)

PRIAPEUM I

Vilicus aerari quondam, nunc cultor agelli,
　Haec tibi Perspectus templa, Priape, dico.
Pro quibus officiis, si fas est, sancte, paciscor,
　Assiduus custos ruris ut esse velis,
Improbus ut siquis nostrum violabit agellum, 5
　Hunc tu, sed tento – scis, puto, quod sequitur.

Priapeum I
Tibullo tribuit F *teste Scaligero. Deest in* Z+, *extabat in* F *et in scheda Pithoeana quae Scaligero praesto fuit; de aliis testibus vide Vollmer, Poet. Lat. Min.² II 2 (1923), 41; accedunt apographa lapidis Patavini CIL V 2830 (cf. Mommsen, p. 274) = Carm. Lat. Epigr. 861 Buech.*
　1 vil(l)icus aerari quondam　*lapis*, F : aerari quondam custos *P. Bembus ex coni., ut vid.*　2 Perspectus *Scal.* : per- *Mommsen* : re- *Reinesius (Syntagma Inscr., p. 577)*　5 violabit *lapis*, F (*ut vid.*), *ed. Ven. a. 1475* : violarit *Iucundus, ed. Ald. a. 1502*　6 tento (*sc. pene*) *lapis* : taceo *Scal. ex* F, *unus Statii, edd. vett.* : teneo *ed. Plantin. a. 1569 i. mg., Reinesius*

PRIAPEUM II

Quid hoc novi est? quid ira nuntiat deum?
Silente nocte candidus mihi puer
Tepente cum iaceret abditus sinu,
Venus fuit quieta, nec viriliter
Iners senile penis extulit caput. 5
Placet, Priape, qui sub arboris coma
Soles sacrum revincte pampino caput
Ruber sedere cum rubente fascino?
At, o Tripalle, saepe floribus novis
Tuas sine arte deligavimus comas 10
Abegimusque voce saepe, cum tibi
Senexve corvus impigerve graculus
Sacrum feriret ore corneo caput.
Vale, nefande destitutor inguinum,
Vale, Priape: debeo tibi nihil. 15

Priapeum II
Tibullo tribuunt rarissima editio operum Vergilii quam curavit Antonius Goveanus (Lugd., a. 1543), Muret., Epist. a. 1558 scripta (ed. Paris., a. 1580, fol. 11v); cf. Texts and Transmission, 425, n. 21 (Rouse et Reeve). De codd. in quibus exstat cf. Vollmer, Poet. Lat. Min.² II 2 (1923), 41s; J. A. Richmond in ed. Oxon. Append. Vergil. (a. 1966), 149s qui usus est his testibus
    F = *fragm. Cuiacianum, nunc deperditum*
    G = *fragm. Graeciense 1814, s. IX*
    B = *Bruxellensis, Bibl. Reg. 10675–6, s. XII*
        et inter recentiores
    h = *Londin., Bibl. Brit. Harleianus 2534, s. XIII*
    n = *Monacensis 18059, S. XI ex.*
    r = *Vratislav. Rehdigeran. 125, s. XV*
    Ω = *consensus omnium testium*
    4 quieta Ω : vieta *Heins.*   6 coma Ω : -is *ed. Ven. a. 1475*   7 revincte *Scal.* : -us BFn : -u *Dousa pater*   9 tripalle F : Triphalle *Scal.* : priape B Gn

Iacebis inter arva pallidus situ,
Canisque saeva susque ligneo tibi
Lutosus affricabit oblitum latus.
At, o sceleste penis, o meum malum,
Gravi piaque lege noxiam lues.   20
Licet querare: nec tibi tener puer
Patebit ullus, intremente qui toro
Iuvante verset arte mobilem natem,
Puella nec iocosa te levi manu
Fovebit apprimetve lucidum femur.   25
Bidens amica Romuli senis memor
Paratur, inter atra cuius inguina
Latet iacente pantice abditus specus
Vagaque pelle tectus †annuo† gelu
Araneosus obsidet forem situs.   30
Tibi haec paratur, ut tuum ter aut quater
Voret profunda fossa lubricum caput.
Licebit aeger, angue lentior, cubes,
Tereris usque, donec, ah miser miser,
Triplexque quadruplexque compleas specum.   35

    16 pallidus F : callidus B G : squalidus *ed. Ven. a. 1475*   **17** *sic restituit Scal.* canisque saevas usque ligneo tibi / lutosus affricabit oblitum latus F : canisve saevus ụsqụe ḅetṇeo tịḅị frịcabịt oḅlitum latus (*uno versu post quem* LUTOSUS AD *inter lineas additur*) G : canisve saevus lutosus adfricabit obliquum latus (*uno versu*) B **18** oblitum FGn : obliquum B   **19** at o sceleste B : o sceleste *ed. Ven. a. 1475* o meum malum B : o cui meum malum *ed. Ven. a. 1475* : o meum malum grave *scheda Pithoei*   **22** imminente B, *em. Heins.*   **28** *om.* G B, *ex* F (latet iacente pancie abditus specu) *add. et em. Scal.* latet F : patet *L. Mueller*   **29** vagaque *Scal.* : vacuaque Ω (*de F non liquet*) annuo F : inguinum B (*G non exstat*) : algido *Tränkle dub.*   **30** forem B : -es h   **31** paratur h : -ntur B : par … G   **33** licebit aeger B F : licebit hebes *ed. Ven. a. 1475* angue lentior F : angue lenior B : aut languentior h (*G non exstat*)   **34** tereris h : terreris G (*corr. ex* -bis)

Superbia ista proderit nihil, simul
Vagum sonante merseris luto caput.
Quid est, iners? pigetne lentitudinis?
Licebit hoc inultus auferas semel:
Sed ille cum redibit aureus puer,   40
Simul sonante senseris iter pede,
Rigente nervus excubet lubidine
Et inquietus inguina arrigat tumor
Neque incitare cesset usque dum mihi
Venus iocosa molle ruperit latus.   45

DOMITII MARSI
EPIGRAMMA

Te quoque Vergilio comitem non aequa, Tibulle,
  Mors iuvenem campos misit ad Elysios,
Ne foret, aut elegis molles qui fleret amores
  Aut caneret forti regia bella pede.

37 merseris *ed. Ven. a. 1485* -it Bn (*G non exstat*) : immerserit h luto caput B : caput luto *cod. Monac. Clm. 305, s. XI/XII*   38 quid est B : quidem *cod. Monac.* pigetne h : -que B   39 libebit *vir doctus ap. Hiller.*   42 rigente F : repente B : recente *L. Mueller* nervus F (*ut vid.*) : -os B excubet F : excitet B (*G non exstat*) lubidine F : libidine B : libidines h   43 inguina arrigat *ed. Ald. a. 1517* (*cf. TlL II 638, 62*) : i. arriget *ed. Ven. a. 1475* : inguine erigit *cod. Monac.* (*ut vid.*) : inguen erigat *Baehr. dub. ex B* (inguine rigat) : inguina erigit n : inguina erigat r   44 neque incitare BF : neque mutare *ed. Ven. a. 1475* cesset F : possit Bn

Domitii Marsi epigramma
exstat in A F (*teste Scaligero*) H V Vat. lat. 2794 *aliis, deest in G, nomen auctoris non solum F, sed etiam exc. Petrei a. 1528 tradunt*
   2 ad] in 'Regius' *Burmanni, ed. pr. min. a. 1476* (*cf. Tib. 1, 3, 58; TlL VIII 1184, 63ss*)   3 elegis AV : elego M   molles AV : miseros H   4 regia] Martia *ed. Ven. a. 1475* (*i. mg.*)

VITA TIBULLI

Albius Tibullus, eques R. e Gabis, insignis forma cultuque corporis observabilis, ante alios Corvinum Messallam oratorem dilexit, cuius etiam contubernalis Aquitanico bello militaribus donis donatus est. hic multorum iudicio principem inter elegiographos obtinet locum. epistolae quoque 5
eius amatoriae, quamquam breves, omnino subtiles sunt. obiit adulescens, ut indicat epigramma supra scriptum.

extat in A H P Q V X *aliis, edd. prr. a.* 1472
1 *ante* Albius *suppl.* ⟨A.⟩ *Broukh.* R. e Gabis *Baehr.* : regalis AVX : ro *cod. Vat. lat.* 2794 : Romanus *Scal.* 3 oratorem *ed. Ven. a.* 1475 : oratorem insignem *Holzer* : oratorem unice *Purser* 'ex cod. Regio' : originem AVX aquitanico *cod. Vatic. lat.* 2794 : equitanico AVX 4 *post* iudicio *ins.* 'Regius' *Burmanni* maxime Quintiliani viri in studia litteraria acerrimae †licentiae† (*pro* diligentiae, *ut* Ayrmann *susp. est*) 6 subtiles *Rostagni* : dulces *Baehr.* : nitidae *Pantzerhjelm–Thomas* : utiles codd. 7 adulescens] iuvenis *Huschke dub.* supra scriptum H : superscriptum AVX

INDEX NOMINUM
confectus cura Adrianne Pierce

Admetus 2, 3, 11; 3, 4, 67.
Aegaeus 1, 3, 1.
(Aegyptius 1, 3, 32; 7, 28.)
Aeneas 2, 5, 19.39.
Aeolius 4, 1, 58.
Aetnaeus 4, 1, 56.196.
Africa 2, 3, 58.
(Agave 3, 6, 24.)
Alba 1, 7, 58; 2, 5, 50.
Alcides 4, 1, 12.
Alpes 4, 1, 109.
Amalthea 2, 5, 67.
Amor 1, 3, 21.57.64, 6, 2.30. 51; 10, 57; 2, 1, 80; 2, 18; 3, 4.71; 4, 4.38.52; 5, 39.106; 6, 1.15; 3, 4, 65.66; 6, 17; 4, 2, 6; 3, 4; 6, 12.
Amythaonius 4, 1, 120.
Anienus 2, 5, 69.
Antiphates 4, 1, 59.
Apollo 2, 3, 11; 4, 13; 5, 79.
Aquitanus 1, 7, 3; 2, 1, 33.
Arabs 2, 2, 4; 3, 2, 24; 4, 2, 18.
Arar (v. Atur).
Arecteus 4, 1, 142.
Araxes 4, 1, 143.
(Ariadne 3, 6, 39.)
Armenius 1, 5, 36; 3, 6, 15.
Arnus 4, 8, 4.
Arretinus 4, 8, 4.
Artacie 4, 1, 60.
Arupinus 4, 1, 110.

Ascanius 2, 5, 50.
Assyria 3, 2, 24.
Assyrius 1, 3, 7.
Atax 1, 7, 4.
Atlantis 4, 1, 77.
(Atticus 4, 1, 146.)
Atur 1, 7, 11.
Aurora 1, 3, 93.
Auster 1, 1, 47.

Bacchus 1, 2, 3; 4, 7.37; 7, 39. 41; 9, 34.61; 2, 1, 3.55; 3, 63.64; 5, 87; 3, 4, 44.45; 6, 5.17.(38).57; 4, 1, 9.57.163.
Baiae 3, 5, 3.
Bellona 1, 6, 45.
Bona Dea 1, 6, 22.
Britannus 4, 1, 149.

Cadmeus 3, 6, 24.
Calypso 4, 1, 77.
Camenae 4, 1, 24.191; 7, 3.
Campania 1, 9, 33.
Canis 1, 1, 27; 4, 6.42; 3, 5, 2; 4, 1, 11.
(Capitolium 2, 5, 26.)
Carnutis 1, 7, 12.
Carystus 3, 3, 14.
Castalius 3, 1, 16.
Catullus 3, 6, 41.
Cerberus 1, 3, 71; 10, 36; (3, 4, 87).

114 INDEX NOMINUM

Ceres 1, 1, 15; 2, 1, 4; 3, 61; 5, 58.84; 4, 1, 163.
Cerinthus 4, 3, 11; 4, 15; 5, 1.5; 8, 2; 11, 1.
(Charon 1, 10, 36).
Charybdis 4, 1, 73.
Chimaera 3, 4, 86.
Chius 2, 1, 28.
Choaspes 4, 1, 140.
Cicones 4, 1, 54.
Cilices 1, 2, 69; 7, 16.
Cimmerii 3, 5, 24; 4, 1, 64.
Circe 2, 4, 55; 4, 1, 61.
Cnosius 3, 6, 39.
(Corcyra 1, 3, 3.)
Cornutus 2, 2, 9; 3, 1.
Cous 2, 3, 53; 4, 29.
Cres 4, 1, 9.
Cumanus 2, 3, 48.
Cupido 2, 1, 67; 3, 33; 5, 107.
Cydnus 1, 7, 13.
Cynthius 3, 4, 50.
Cypria 3, 3, 34.
Cyrus 4, 1, 141.
Cytherea 4, 7, 3.

(Danaides 1, 3, 79.)
Danaus 1, 3, 79.
Decor 4, 2, 8.
Delia 1, 1, 57.61.68; 2, 15.33.73; 3, 9.23.29.92; 5, 21.32; 6, 5.55.85.
Delia (Diana) 4, 3, 5, s.v.l.
Delius 3, 4, 79; 6, 8.
Delos 2, 3, 27.
Delphicus 2, 3, 27.
Diana 4, 3, 19.
Dictynna 1, 4, 25.
Dis 3, 1, 28; 5, 33.

Domator (s.v.l.) 4, 1, 116.
Duranus 1, 7, 11 (ex coni. Scaligeri).

Eleus 1, 4, 32.
Elysius 1, 3, 58; 3, 5, 23; Domitii Marsi 2.
Eous 2, 2, 16; 3, 2, 24; 4, 2, 20.
Erigone 4, 1, 11.
Erythraeus 3, 3, 17.
Etruscus 3, 5, 1.
Eurus 1, 4, 44; 5, 35.

Falernus 1, 9, 34; 2, 1, 27; 3, 6, 6.
Fors 1, 5, 70.
Fortuna 3, 3, 22; 4, 1, 182.

Gallia 4, 1, 138.
Garunna 1, 7, 11.
Genius 1, 7, 49; 2, 2, 5; 4, 5, 8.9.
Getae 4, 1, 146.
Graius 2, 5, 68.
Gylippus 4, 1, 199.
Gyndes 4, 1, 141.

Haemonius 1, 5, 45.
Hebrus 4, 1, 146, s.v.l.
Hecate 1, 2, 54; (1, 5, 16)
Herophile 2, 5, 68.
(Hirtius 3, 5, 18).
Hispania 4, 1, 138.
(Histrus 4, 1, 146, s.v.l.)
(Homericus 4, 1, 200.)
Homerus 4, 1, 180.

Iapydia 4, 1, 108.
Icarus 4, 1, 10.
Idaeus 1, 4, 68.

Ilia 2, 5, 52.
Ilion 2, 5, 22.
India 2, 3, 55.
Indiges 2, 5, 44.
Indus 2, 2, 15; 4, 2, 20.
(Iris 1, 4, 44.)
Isis 1, 3, 23.
Ithace 4, 1, 48
Iuno 1, 3, 73; (2, 5, 24;) 3, 6, 48; 4, 6, 1; 13, 15.
Iuppiter 1, 2, 8; 3, 49; 4, 23; 7, 26; 2, 5, 10.26.41; 3, 4, (48); 72; 6, 48; 4, 1, 130.
Ixion 1, 3, 73.

Kalendae 3, 1, 1; 4, 2, 1; 21.

Laestrygones 4, 1, 59.
Lar 1, 1, 20; 3, 34; 7, 58; 10, 15.25; 2, 1, (17); 60; 4, 54; 5, 20.42.
Latona 2, 3, 23; 3, 4, 72.
Latonius 3, 4, 29.
Laurens 2, 5, 41.49.
Lavinium 2, 5, 49.
Lenaeus 3, 6, 38.
Lethaeus 1, 3, 80; 3, 3, 10; 5, 24.
Liber 3, 6, 119.
Liger 1, 7, 12.
Lucifer 1, 3, 94; 9, 62.
Lucina 3, 4, 13.
Luna 1, 8, 21; 2, 4, 18; 3, 4, 29.
Lyaeus 3, 2, 19.
Lydius 3, 3, 29; 4, 1, 199.
Lygdamus 3, 2, 29.

Macer 2, 6, 1.
Magyni 4, 1, 146.

Manes 1, 1, 67; 2, 47; 2, 6, 37; 3, 2, 15.
Marathus 1, 4, 81; 8, 49.71.
Marcia 3, 6, 58.
Maroneus 4, 1, 57.
Marpesia 2, 5, 67 (s.v.l.)
Mars 1, 1, 4; 2, 70; 10, 30; 2, 5, 51; 3, 1, 1; 4, 1, 98; 2, 1.
Medea 1, 2, 53; 2, 4, 55.
Melampus 4, 1, 120.
Meleteus 4, 1, 200.
Memphites 1, 7, 28.
Mermessia 2, 5, 67, s.v.l.
Messalla 1, 1, 53; 3, 1.56; 5, 31; 7, 7; 2, 1, 31.33; 5, 119; 4, 1, 1; 8, 5.
Messallinus 2, 5, 17.115.
Minerva 1, 4, 26; 2, 1, 65.
Minois 3, 6, 41.
Molorcheus 4, 1, 13.
Mopsopius 1, 7, 54.
Mors 1, 1, 70; 3, 4.5; 10, 33; Domitius Marsus 2.
Mosyni 4, 1, 146, s.v.l.
Musa 1, 4, 65.67; 2, 4, 15.20 (3, 1, 15; 4, 45)

Nais 3, 6, 57.
Natalis 1, 7, 63; 2, 2, 1.21; 4, 5, 19.
Neaera 3, 1, 6.23; 3, 12.29; 3, 1.23; 4, 57.60; 6, 29.
Nemesis 2, 3, 51.61; 4, 59; 5, 111; 6, 27.
Neptunius 4, 1, 56.
Nereis 1, 5, 45.
Nereus 4, 1, 58.
Nestor 4, 1, 49. (112).
Nilus 1, 7, 22.23; 4, 1, 140.

Nisus 1, 4, 63.
Notus 1, 5, 35; 3, 4, 96.
Nox 2, 1, 87; 3, 4, 17.
Numicus 2, 5, 43.

Oceanus 1, 7, 10; 4, 1, 147.
Oeta 3, 4, 2, s.v.l.
Olympus 1, 6, 83; 4, 1, 12.131; 2, 13.
Ops 1, 4, 68.
Orcus 3, 3, 38.
Osiris 1, 7, 27.29.43.

Padaeus 4, 1, 145.
Palaestinus 1, 7, 18.
Palatia 2, 5, 25.
Pales 1, 1, 36; 2, 5, 28.
Palilia v. Parilia
Pan 2, 5, 27.
Panchaia 3, 2, 23.
Pannonius 4, 1, 109.
(Pansa 3, 5, 18.)
Parcae 1, 7, 1; (3, 3, 35); 4, 5, 3.
Parilia 2, 5, 87.
Pater 3, 6, 3.
Pax 1, 10, 45.47.49.67.
Peleus 1, 5, 45.
Pelops 1, 4, 64.
Penates 1, 3, 33; (2, 5, 40)
(Pentheus 3, 6, 24.)
Persephone 3, 5, 5.
Perspectus Priapeum 1, 2.
Phaeacius 1, 3, 3; 4, 1, 78.
Pharius 1, 3, 32.
Phoebus 1, 4, 37; 2, 3, 26.27; 5, 1.17.65.106.121; 3, 4, 21.44; 4, 1, 8.66.145.158.178; 2, 22; 4, 2.3.19.
Phoeto 2, 5, 68, s.v.l.

Pholoe 1, 8, 69.
Phrygius 1, 4, 70; 2, 1, 86; 3, 3, 13.
Phryne (s.v.l.) 2, 6, 45.
Phyto 2, 5, 68 (s.v.l.)
Pierides 1, 4, 61.62; 9, 48; 3, 1, 5; 4, 44; 4, 2, 21.
Pierius 3, 1, 16; 4, 1, 192.
Pluto (3, 3, 58; 5, 22) 4, 1, 67.
Pluvius 1, 7, 26.
Poena 1, 9, 4.
(Polyphemus 4, 1, 56.)
Priapus 1, 1, 18; 4, 1; Priapeum 1, 2; 2, 6.15.
(Proserpina 3, 5, 22.)
Pylius 4, 1, 112.
Pylos 4, 1, 48.
Pyrene 1, 7, 9.
Pytho 2, 3, 27.
Remus 2, 5, 24.
Rhodanus (s.v.l.) 1, 7, 11.
Roma 2, 5, 21.57; 4, 9, 2; (1, 7, 61; 2, 5, 23; 3, 1, 4; 4, 83).
Romanus 1, 7, 5; 2, 5, 15; 3, 1, 1; 4, 1, 117.149.
Romulus 2, 5, 23, Priapeum 2, 26.
Ruber 2, 4, 30; 4, 2, 19.
Rumor 4, 14, 1.
Rutulus 2, 5, 47.

Samius 2, 3, 47.
Santonicus 1, 7, 10.
Saturnia 3, 3, 33.
Saturnus 1, 3, 18.35; 2, 5, 9.
Scylla 3, 4, 89; 4, 1, 71.
Scythia 3, 4, 91.
Semele 3, 4, 45.
Servius 4, 10, 4.

Sibylla 2, 5, 15.
Sidonius 3, 3, 18.
Sirenes 4, 1, 69.
Sirius 1, 7, 21.
Sol 2, 3, 56; 5, 60.75; 4, 1, 62.76.123.
Somnus 2, 1, 90; 3, 4, 7.20.55.
Spes 1, 1, 9; 2, 6, 20.21.25.27.
Stygius 1, 10, 36.
Sulpicia 4, 2, 1; 10, 4.
Syrius 3, 4, 28; 6, 63.
Syrtis 3, 4, 91.
Syrus 1, 7, 18.

Taenarus 3, 3, 14.
Tamyris 4, 1, 143.
Tanais 4, 1, 146.
Tantalus 1, 3, 77.
Tarbella 1, 7, 9.
Taurus 1, 7, 16.
Terra 2, 3, 62.
Theraeus 4, 1, 139.
Theseus 3, 6, 39.
Thessalus 2, 4, 56.
Thetis 1, 5, 46.
Tibullus 1, 3, 55; 9, 83; 4, 13, 13; Domitius Marsus 1.
Tiburs 2, 5, 69.
Tisiphone 1, 3, 69.
Titan 4, 1, 51.113.157.
Titius 1, 4, 73.74.

Tityos 1, 3, 75.
Tripallus Priapeum 2, 9.
Trivia 1, 5, 16.
Troia 2, 5, 40.61.
Troianus 2, 5, 46.
Turnus 2, 5 48.
Tusculus 1, 7, 57.
Tuscus 3, 4, 6; 5, 29.
Tyrius 1, 2, 77; 7, 47; 9, 70; 2, 4, 28; 4, 1, 121; 2, 11.
Tyros 1, 7, 20; 2, 3, 58; 4, 2, 16.

Ulixes 4, 1, 49.

Valgius 1, 10, 11 (s.v.l.); 4, 1, 180.
Velabrum 2, 5, 33.
Venus 1, 1, 73; 2, 16.36.42.81.92.99; 3, 58.79; 4, 21.59.71.79; 5, 8.40.58; 6, 14.83; 8, 5.28.35.57; 9, 20.76.81; 10, 53.66; 2, 1, 12; 3, 3.29.35.50.72; 4, 24.57; 6, 9.48; 4, 2, 3; 3, 18.19; 5, 13; 7, 5; 13, 14.23; Priapeum 2, 4.45.
Vergilius Domitius Marsus 1.
Vertumnus 4, 2, 13.
Vestales 2, 5, 52.
Victoria 2, 5, 45.
Vulcanus 1, 9, 49.